DAS BERGJAGDBUCH

Erwin Hofer
Claude Morerod

Pirsch auf einsamen Höhen

Für Herrn Tobias Moretti

Als kleine Vorbereitung
auf Ihre Jagd!

Waidmannsheil

[illegible]

VERLAGSANSTALT ATHESIA · BOZEN

2001
Zweite Auflage

Gestaltung & Layout: Erwin Hofer und Erwin Kohl
Umschlaggestaltung: Athesiagrafik
Gesamtherstellung: Athesiadruck, Bozen

ISBN 88-8266-078-8

www.athesiabuch.it
buchverlag@athesia.it

Pirsch auf einsamen Höhen

Für Mathias

Zum Geleit

Die Verleihung des Kulturpreises des Südtiroler Jagdverbandes im Oktober 1998 an den Journalisten Erwin Hofer hat wohl einen wichtigen Anstoß gegeben: Der Autor hat seine vor vielen Jahren geschriebenen und in zahlreichen deutschsprachigen Zeitschriften veröffentlichten Jagderzählungen nun gesammelt und in einem Band herausgegeben. Begleitet von Stimmungsbildern über das Erlebnis Natur und Jagd im Wandel der Jahreszeiten und illustriert durch Fotos von Claude Morerod, einem der besten Wildfotografen im Alpenraum, ist damit ein umfassendes Werk über die Jagd im Gebirge entstanden.

Dem Buch ist ein Zitat der berühmten dänischen Schriftstellerin Tania Blixen vorangestellt: »Überhaupt kann man sagen, daß Jagen stets eine Liebesangelegenheit ist. Der Jäger ist verliebt in das Wild; echte Jäger sind wirklich Tierfreunde.« Und in Hofers Text über die Gamsjagd steht unter anderem: »Gamsjagern, so wie ich es verstehe, ist nichts für schnelle, eilige und bequeme Schießer. Dabei muß der Berg erlebt und oft auch erlitten, das Wild tatsächlich noch erobert werden …«

Damit wird das Leitmotiv dieses Buches deutlich: Es zeigt einen Bergjäger, der in der besten Tradition seiner Südtiroler Ahnen die Liebe zu den Heimatbergen und die Leidenschaft für die Jagd im Gebirge in Einklang bringt mit der Verantwortung für die Natur und das Wild und für den das Erlebnis draußen in der freien Wildbahn immer im Mittelpunkt steht.

Mit Sachkenntnis und Einfühlungsvermögen führt uns der Autor durch die abwechslungsreichen Bilder und Stimmungen der vier Jahreszeiten am Berg, zeigt uns auf, daß Steinbock und Gams, Hirsch und Reh, Auer- und Spielhahn sowie Haselhuhn, Schneehase und Schneefink, Alpenrose und Edelweiß zusammengehören und alle Teil eines gemeinsamen Lebensraumes sind, den der Bergjäger in seiner Gesamtheit sieht und mit all seiner angeborenen Liebe zur Natur hegen und pflegen, beobachten und nicht zuletzt auch erforschen muß.

Denn Jagd und Hege setzen ein umfassendes Fachwissen über Wild und Natur und ihre Zusammenhänge voraus. Und gerade weil der Jäger in unserer Zeit nicht alleine und nur auf sich gestellt, sondern nur im Rahmen eines breiten gesellschaftlichen Kontextes handeln darf, ist es wichtig, sein Tun gegenüber der Öffentlichkeit immer wieder zu rechtfertigen und sie über das Wesen der Jagd, ihre Aufgaben und Verpflichtungen, aufzuklären und zu informieren.

Vielleicht kann dieser Band mit seinen stimmungsvollen Erzählungen und Bildern einen Beitrag dazu leisten, denn dem Autor Erwin Hofer ist nicht nur ein faszinierendes Werk über die wohl unumstrittene Königin aller Jagden, die Bergjagd, gelungen, sondern ein Buch, in dem die meisten Tiere unserer herrlichen Bergwelt den ihnen angemessenen Platz in Text und Bild finden, und an dem nicht nur Jäger, sondern auch Berg- und Naturliebhaber ihre Freude haben können.

Mit Weidmannsheil!
Der Landeshauptmann von Südtirol

Luis Durnwalder

Überhaupt kann man sagen, daß Jagen stets eine Liebesangelegenheit ist. Der Jäger ist verliebt in das Wild; echte Jäger sind wirkliche Tierfreunde. Während der Stunden der Jagd ist der Waidmann mehr als das; er ist vernarrt in das Stück Wild, das er anpirscht und sich zur Beute machen will – nichts anderes sonst existiert für ihn auf der Welt.

Tania Blixen

Über mir schimmern die weißen Felshänge
märchenhaft gegen den türkisfarbenen Himmel.
Wilde Stille hüllt mich widerstandslos ein.
Schönheit und Friede sind mit mir,
wohin ich auch gehe.

Everett Ruess

Einführung

Bücher haben ihre Geschichte. Diese hat vor langer, langer Zeit begonnen, als ich als kleiner Knirps vor der Glasvitrine meines Großvaters in seinem Austragsstübele im Gasthof »Alpenrose« in Kematen stand und ein ausgestopftes Steinhuhn und die schöne Abwurfstange eines Rehbockes bewunderte. Mein Großvater mütterlicherseits Johann Obermüller – vulgo »Wurzeler-Hannes« –, von Beruf Bauer, Bergführer, Mineraliensammler und Heilkräuterexperte – in einer Sterzinger Apotheke wird heute noch eine Salbe nach seinem Rezept hergestellt –, war ein leidenschaftlicher Jäger gewesen.
Er hatte sich auf den Fang von Raubwild spezialisiert und es dabei zu wahrer Meisterschaft gebracht, so daß Gleichgesinnte von weit her kamen, um ihm seine geheimnisvollen Rezepte für den Marder- und Fuchsfang herauszulocken. Immerhin konnte man damals für den Wert eines Edelmarderfelles eine schöne Kalbin kaufen. Großvater schenkte mir sein altes Zeiss-Fernglas, und mit dem für mich viel zu großen Feldstecher um den Hals durchstreifte ich, der kleine Junge, die nahen Felder und Wälder und lernte schon frühzeitig die Wildtiere lieben und ihre Geheimnisse kennen.

Als ich in Sterzing die Mittelschule besuchte, wollte ich Fotograf werden. Allerdings nicht Studiofotograf, sondern das Bergwild wollte ich mit der Kamera aufs Bild bannen. Ein schwieriger Wunsch, denn dafür war eine für die damalige Zeit sehr teure Fotoausrüstung notwendig. Da mein lieber Vater für vernünftige Anliegen aber immer ein offenes Ohr und ein großes Herz hatte, wurde auch das möglich. Zwei befreundete Sterzinger Volksschullehrer fuhren für ihn nach Innsbruck und besorgten bei Foto Niedermeyer eine russische Spiegelreflexkamera und ein dazugehöriges 500-mm-Teleobjektiv – eine phantastische Fotoausrüstung für einen Knaben. Und nun war ich Tag für Tag in meiner Freizeit mit schwerem Gepäck in Feld, Wald und Berg unterwegs. Das war die Zeit, wo ich jeden Weg und jeden Steig, jede Waldlichtung und jede noch so stille Ecke meines Heimattales wie meine eigene Rocktasche kennenlernte und mir einen reichen Erfahrungsschatz über das Wild und seine Lebensgewohnheiten sowie über die Natur insgesamt aneignete, von dem ich noch heute zehren kann. Und was ich an Fotos von Reh und Gams, Murmeltier und Steinadler nach Hause brachte, konnte sich nach einiger Zeit durchaus sehen lassen. Der bekannte Autor und Fotograf Hanspaul Menara – damals ebenfalls im Schulbubenalter –, der mich in meinem Heimathaus in Kematen besuchte und meine Ausrüstung bewunderte, hat mir erst kürzlich bestätigt, daß ich wohl der Pionier der Tierfotografie in Südtirol gewesen sei.
Und plötzlich wurde aus dem Spiel Ernst. Tierzeitschriften, Jagdzeitungen und andere Magazine bekundeten Interesse an meinen Aufnahmen. Und zum Fotografieren kam das Schreiben dazu. Ich verfaßte Berichte und schrieb Geschichten für ein halbes Dutzend Jagdzeitschriften zwischen Wien, Graz

und Zürich, München und Hamburg. Zahlreiche Geschichten sind in der Folge in allen großen deutschen Jagdzeitschriften erschienen. Es entstanden Kontakte und Freundschaften mit den bekanntesten deutschen Wildfotografen, mit Herausgebern, Chefredakteuren und Autoren, so den deutschen Tierfotografen Julius Behnke und Anton Kaiser, den Schriftstellern Ludwig Benedikt Freiherr von Cramer-Klett und Wolfgang von Beck. Der damalige Schriftleiter der Zeitschrift »Der Anblick« in Graz, Dr. Heribert Horneck, eine weit über Österreich hinaus bekannte und anerkannte Persönlichkeit, war mir in besonderer Zuneigung verbunden. Er hatte Gefallen an meinen Geschichten gefunden und forderte mich immer wieder zum Schreiben auf, ebenso wie der ehemalige Chefredakteur der »Schweizer Jagdzeitung«, Arnold Schawalder, ein passionierter Bergjäger und kühner Springreiter, der heute als nobler, alter Herr auf seinem Hof im Bergtal über dem mittelalterlichen Städtchen Wil lebt.

Zur Fotografie war inzwischen längst die Jagdpraxis gekommen, wobei mir das, was ich als Wildfotograf gelernt hatte, nun sehr zugute kam. Büchse und Kamera schließen sich nicht aus, sondern sie ergänzen sich gegenseitig. Beruflich hatte ich dann als Journalist eine ganz andere Laufbahn eingeschlagen. Meine Vergangenheit als Wildfotograf und Jagdautor holte mich aber ein, als der Südtiroler Jagdverband 1998 beschloß, mir den Preis für besondere jagdkulturelle Leistungen zuzuerkennen. Zunächst war ich irritiert, dann aber sehr erfreut: Eine Ehrung von Jägern ist eben eine Ehrung.

Von verschiedenen Seiten ermuntert, entstand der Wunsch, zumindest einige der in verschiedenen Zeitschriften verstreuten Geschichten zu sammeln und in einem Band herauszugeben. Es sind dies Geschichten aus früheren Zeiten, etwa als die Jagd auf den Spielhahn zur Balzzeit im Frühjahr noch möglich war und stets den ersten Höhepunkt im Jagdjahr bedeutete. Im Jagdwesen hat sich in der Zwischenzeit gar einiges verändert, und vieles wird sich im Sinne eines besseren Naturschutzes noch ändern müssen, und wir Jäger werden noch weitere Kompromisse schließen müssen – im Interesse der Jagd und für unsere herrlichen Bergtiere, für die wir Jäger die höchste Verantwortung tragen.

Schon vor längerer Zeit bin ich auf den Schweizer Tierfotografen Claude Morerod aufmerksam geworden. Er hat sich auf die Fotografie von Bergtieren in ihrer natürlichen Umwelt spezialisiert und es darin zur Meisterschaft gebracht. Seine Fotos sind auf den Titelseiten vieler Magazine und Zeitschriften in ganz Europa erschienen, und er hat sich weit über die Schweiz hinaus einen Namen gemacht. In Morerods Bildern lebt die Bergwelt, wenn man sie betrachtet, sieht man die Gams ziehen, man hört den Brunftschrei der Berghirsche und das Rodeln des Spielhahnes. Ein Vierteljahrhundert hat Morerod erfolgreich als Architekt in Genf gearbeitet, bis er entdeckte, wie er wörtlich sagt, »daß ich ein Gefangener war«. Er hängte seinen Architektenberuf an den Nagel, kehrte zurück in sein Heimatdorf, wo er heute mit seiner Frau und seiner Tochter in einem idyllischen Holzhaus lebt, und widmete sich fortan ganz der Wildfotografie, die ihm mehr Berufung als Beruf ist. Wildfotografie ist bedeutend schwieriger als die Jagd: Sie erfordert Idealismus, Zeit, Ausdauer und fotografisches Können. Wenn es sein muß, lebt Claude Morerod im Winter wochenlang in kalten Unterständen, harrt auf Ansitzen aus und scheut keinen noch so beschwerlichen Weg, bis er ein Bild, »sein Bild« im Kasten hat. Und er lebt im winterlichen Hochgebirge, meist allein weitab von jeglicher Zivilisation, gefährlich: Einmal lag er viele Stunden mit einem gebrochenen Bein im Schnee, als er auf der Suche nach einem Schneehasen mit den Skiern gestürzt war. Nur durch glückliche Umstände fand ihn die Bergwacht und rettete ihn vor dem Erfrieren.

Die Zusammenarbeit mit Claude Morerod für dieses Buch war eine echte Bereicherung: Ich habe dabei einen sehr wertvollen Menschen kennengelernt, wie es sie eigentlich nur mehr selten gibt: voll Idealismus und Begeisterung und getrieben von der Liebe zur Natur und ihrer Schönheit.

Nun ist der langgehegte Wunsch Wirklichkeit geworden, ein umfangreiches Buch über die Jagd im Gebirge liegt vor, mit Stimmungsbildern aus dem Leben der Bergtiere, Jagdgeschichten und sehr vielen Fotos über Gams, Reh und Hirsch. Das Buch soll nicht nur Jägern, sondern allen Berg- und Naturliebhabern Freude bereiten und – mein ganz persönlicher Wunsch – eine Anregung geben, die Jugend hinzuführen zu den wahren, wirklichen Werten und Schönheiten dieses Lebens.

Erwin Hofer
Kematen in Pfitsch,
Sankt Michael/Eppan im Frühjahr 2001

FRÜHLING

Es blüht wieder im Oberberg.

Die Sturmfluten des Frühlings

Im Etschtal und im Überetsch war längst der Frühling eingezogen. Wie ein später Schneefall hatte sich in einer Nacht Ende März der weiße Teppich der Obstblüte über die Talwiesen und Niederungen gelegt und war nach und nach die Hänge hinaufgeklettert. In den Parks und Promenaden von Bozen und Meran blühten Forsythien und Magnolien. Ihr Farbenspiel mischte sich mit dem Weiß der letzten Schneefelder, die vom Schlern und vom Rosengarten, von der Zielspitze und vom Hirzer her blendeten, zu einer einzigartigen Frühlingssinfonie, die alle Kälte und Beschwernisse der letzten Monate vergessen ließ, und über allem lag schon das Licht und die Gewißheit südlicherer Tage.

Aber oben, in den Bergtälern des Alpenhauptkammes, war noch einmal der Winter zurückgekehrt. Tage und Nächte schneite es, Berge und Wälder versanken in dem weichen, wattigen Weiß, das jeden Laut, jedes Geräusch erstickte, Schneestürme tobten, und eisige Kälte ließ jede Bewegung erstarren, und die Bergwelt schien nichts anderes mehr zu kennen als Winter, ewigen Winter. Wild ließ sich in diesen Tagen kaum sehen, denn alles Getier hatte sich in der Gewißheit drohender Gefahren in dichte Wälder zurückgezogen oder unter überhängenden Felswänden Schutz gesucht. Und auch der Jäger blieb an diesen Tagen in seiner Hütte, die, geschützt durch eine Felswand und versteckt hinter alten Schirmfichten, mitten im Hochwald stand. Denn draußen waren Wege und Steige meterhoch verschneit, lockerer, weicher Neuschnee war es, und überall drohte Lawinengefahr. Gleichzeitig spürte man aber auch, daß dieser heftige Schneefall nur mehr ein letztes Aufbäumen des alten Winters war und daß hinter den schneeschweren Wolken, die immer noch vom Wind durch die Talenge im Westen getrieben

Mit Urgewalt stürzen die Lawinen zu Tal – nur die alte Lärche hält ihnen immer stand.

wurden, das warme, milde Licht einer neuen Jahreszeit wartete.
Aber dann hatten die Sturmfluten des Frühlings auch das höchste Gebirge erfaßt. Eine einzige, wellenartige Bewegung schien durch die Berge zu gehen, und unter dem Druck der zunehmend stärker werdenden Sonne und der Kraft warmer Winde schüttelten sie die meterhohen Schneemassen ab, und mit explosionsartigem Krachen und drohendem Donnergrollen stürzten die Grundlawinen zu Tal und rissen alles mit, was sich ihnen in den Weg stellte.
Und gleich regte sich überall neues Leben. Wo an den steilen Hängen der Schnee abgerutscht war, schossen die ersten Blumen aus dem braunen Lahnergras, und geradezu, als müßten sie die verlorenen Tage wieder aufholen, blühten sie nun farbenprächtiger und intensiver als in den Jahren zuvor. Reh und Gams und Rotwild ästen zwischen blühenden Anemonen und gelb leuchtendem Huflattich. Im Hochwald meldete noch zu nachtdunkler Stunde der Auerhahn, und hoch oben auf der Alm, auf einem latschenumwachsenen Felsköpfl, sang und tanzte auf einer der letzten Schneewehen nun jeden Morgen der Spielhahn, und sein Lied schwang sich mit den Frühlingslüften weit übers Tal hinaus und verlor sich in der seidigen Weite des Südens, dort, wo vor einer Wand aus azurblauem Himmel die weiße Kette der Dolomiten schimmerte.

Der Balzgesang des Spielhahnes hat den Berg verzaubert und ihn zu neuem Leben erweckt.

Diese zauberhafte Spanne zwischen Nacht und Tag, wenn der Auerhahn balzt.

In der Stille der Nacht

Ich ging allein über die nachtdunklen Felder. Das kleine Bergdorf mit den wenigen Lichtern blieb hinter mir zurück und versank mehr und mehr in Nacht und Schlaf. Es war ganz still, und die Sterne leuchteten mir den Weg, sie standen groß und hell und klar am Himmel, und es war eine kalte Nacht, und wenn auch die Felder schon ausgeapert waren und nach frischer Erde rochen, so lag doch oben im Wald noch viel Schnee, und es war mühsam, da hinaufzusteigen. Einmal sprangen Rehe vor mir ab, und ich hörte das leise Tappen ihrer Schalen, ein Fuchs bellte weiter oben im Wald, und der Rauhfußkauz rumorte, und ich glaubte, den dumpfen Schrei des Uhus zu hören. Dann war alles wieder still, und nichts war mehr zu hören außer das Knirschen der Schneedecke unter meinen Schuhen.

Es war noch immer tiefe Nacht, und ich stapfte durch den steilen Bergwald aufwärts, und je höher ich kam, umso winterlicher wurde es, und der Schnee reichte mir an manchen Stellen bis zu den Knien. Kaum zu glauben, daß da oben ein Auerhahn balzen würde, aber es war jetzt Mitte April, und als ich am Vortag mit den Skiern durch den Wald gefahren war, hatte ich ein Auerhuhngeläufe und Balzlosung unter einer alten Lärche gefunden. Unter einer dichten Schirmfichte breitete ich schließlich den Lodenmantel aus und setzte mich hin. Von hier aus sah man den Gegenhang ein. Auf einem Kamm hoben sich deutlich zwei große Lärchen gegen den etwas helleren Himmel im Osten ab. Dort mußte der Hahn balzen.

Die Stille im Wald war jetzt vollkommen. Kein Windhauch, kein Vogelschrei, nichts, absolut nichts, nur abgrundtiefe Stille. Ich lauschte und lauschte, der Kopf sank mir auf die Knie, in den warmen Lodenmantel gehüllt, schlief ich sanft ein. Als ich er-

Erst bei Tageslicht …

… zeigt sich seine ganze Schönheit.

Nach der Hochbalz am Baum beginnt die Bodenbalz. Erst dabei entfaltet sich die ganze Pracht dieses Rituals. Oft weitab vom Balzbaum fallen die Hähne auf ganz bestimmten Plätzen im Hochwald ein, singen und treten die Hennen. Der Große Hahn …

wachte, schien die Nacht fortgeschritten. Die Sterne waren zwar noch da, aber sie leuchteten schwächer und verloren zunehmend an Kraft. Im Osten hoben sich die Berge und Gletscher nun deutlich gegen den Himmel ab. Einmal glaubte ich den sausenden Flug eines Vogels zu hören, einen Flügelschlag, und dann ein Geräusch irgendwo im Geäst. Aber das war nur eine Täuschung, denn der Hahn war schon längst da.

Und in der Stille der Nacht hörte ich plötzlich jenen leisen, seltsamen Tropfenfall des Auerhahnliedes. Unmittelbar vor mir sang der Hahn, ich hörte sein Wetzen, seinen Überschlag, und dann perlte Strophe um Strophe und war, weil die Stille ansonsten vollkommen schien, von einer Reinheit und Schönheit, wie ich sie kaum einmal zuvor vernommen hatte. Jetzt war der Himmel über den Gletschern im Osten erglüht, und plötzlich sah ich den Hahn, wie er auf dem dicken Ast einer Lärche auf und ab spazierte, seinen Schild entfächerte und ins Morgenrot hineinbalzte. Ich war ergriffen von dem Anblick: Schwarz stand der Hahn vor dem glühenden Himmel, und im Glas sah ich deutlich, wie er beim Hauptschlag den Kopf zurückwarf und verzückt vor sich hin balzte. Nur kurz dauerte die Vorstellung. Plötzlich sank der große, dunkle Vogel in sich zusammen, wurde kleiner und kleiner und schwang sich plötzlich in die Luft hinaus und ritt – so heißt es in der Jägersprache – mit lautem Flügelschlag ins Morgenrot hinein, segelte über das Gipfelmeer hinaus und ließ sich irgendwo über den Waldtiefen wie ein Stein fallen, hinab auf seinen Bodenbalzplatz, der für uns – geheimnisvoll, rätselhaft und unerklärlich – jedes Frühjahr aufs neue von den großen Berghahnen aufgesucht wird.

Und dort, am Fuße alter, knorriger Bäume, vollzieht sich ein dem Menschen oft unbekanntes, uraltes Ritual: Mit seltsamen Gebärden stehen sich die Großen Hahnen gegenüber, kämpfen um die Vorherrschaft, balzen oft weit in den Vormittag hinein und treten die Hennen. Laut hallt ihr starker Flügelschlag durch die Stille, und ihr seltsames Lied verliert sich wie der Abgesang einer sterbenden Rasse in den Tiefen der Bergwälder.

… spaziert dabei stolz auf dem Waldboden auf und ab, bläst seine Luftsäcke auf, entfächert seinen Schild, streift mit den Schwingen über den Boden, knappt und glöckelt und singt Strophe um Strophe vor sich hin. Elfenbeinweiß schimmert sein schwerer Schnabel im Morgenlicht: ein Bild voller Zauber und Faszination.

Mein Großvater Johann Obermüller nach einer erfolgreichen Auerhahnjagd. Seine Generation konnte jagdlich noch aus dem Vollen schöpfen. Wir sind moralisch verpflichtet, das europaweit vom Aussterben bedrohte Auerwild zu schützen. Dafür müssen wir vor allem seinen Lebensraum erhalten.

Im wilden Kar

Der Wind pfiff übers wilde Kar. Ich war in aller Frühe durch den Bergwald heraufgestiegen und hatte mich am Rande des großen Almkessels, hinter einem Stein versteckt, angesetzt. Murmeltiere wollte ich beobachten, die jetzt, im April, aus dem Winterschlaf erwachten und ins Freie kamen. Als es hell wurde und die Gletscher im Osten zu leuchten und zu glänzen begannen, wurde es recht frisch im Kar, und der Morgenwind brach sich weiter oben an einer Felskante, und plötzlich war da noch ein ganz anderes Geräusch – das von sausenden Schwingen und einfallenden Wildvögeln. Und dann sah ich auch schon unweit vor mir auf dem Harstschnee drei Spielhähne, die um eine kleine, braune Henne balzten. Doch sie blieb unbeweglich und ließ sich nicht beeindrucken, während die drei Hähne mit ihrem metallblauen Gefieder und den langen, gekrümmten Stoßfedern aufgeregt herumtrippelten, laut rodelten, grugelten und zischten und das ansonsten noch recht tote Kar zu neuem Leben zu erwachen schien. Und dann war noch der seltsam knarrende Balzruf eines Schneehahns zu hören. Nicht weit vor mir marschierte er mit aufgerichtetem Stoß, so daß ich seine schwarzen Unterfedern sehen konnte, über die Schneefläche.

Mit einem Schlag war dann das Minnespiel vorbei. Der Steinadler war im Segelflug über dem Kar aufgetaucht, das Spielwild und der Schneehahn waren in wilder Flucht dicht über dem Boden abgestrichen und in den nahen Latschen untergetaucht. Der Adler hatte diesmal kein Glück gehabt. Er verschwand in schnellem Flug hinter der Torwand, und nun war alles ruhig und still, und die Sonne kam übers Kar, und langsam wurde es etwas wärmer. Und schon tauchte das erste Murmeltier auf. Langsam schob sich seine graue Nase aus einer der Schneeröhren, dann kam es ganz heraus, und ein zweites folgte. Das war eine gefährliche Zeit für die Murmeltiere.

Kaum sind die Murmeltiere aus dem Winterschlaf erwacht, wartet schon der Fuchs auf sie.

Munter balzen die Spielhähne auf dem Harstschnee.

Auch der Schneehahn balzt im Kar.

Sie waren vom Winterschlaf ausgehungert, und da die Umgebung ihrer Baue noch tief verschneit war, mußten sie lange Strecken über die geschlossene Schneedecke zu den wenigen aperen Stellen laufen. Deshalb sicherten sie aufmerksam in die Runde, bevor sie sich von den schützenden Höhlen fortbewegten. Gerade wollten sie loslaufen, da gellte plötzlich ein schriller Pfiff übers Kar. Irgendwo hatte ein Murmeltier gewarnt, und jetzt tauchte weiter hinten, dicht unter den bereits ausgeaperten Lahnern, tatsächlich ein Fuchs auf. Es hieß also warten, und der Fuchs verschwand wieder, und erst jetzt traute sich eines der Murmeltiere über die weite, fast ebene Schneefläche. Doch gerade in diesem Augenblick stürzte sich der Steinadler wie ein Pfeil über die Gratkante, und schon war er über dem Murmel, das sich vergeblich auf den Rücken warf und sich zu wehren versuchte. Seine Krallen schlugen tief ins braune Fell, er zerrte das hilflose Tier über den Harstschnee, und schon war er wieder in der Luft, segelte über den Almwald hinaus und ließ sich auf der Felskante drüben am Westgrat mit seiner Beute nieder. Dann blickte er mißtrauisch in die Runde und breitete stolz seine starken Schwingen über dem geschlagenen Murmeltier aus, und das hieß: Das ist meine Beute, und niemand kann sie mir nehmen. Das waren dramatische Augenblicke, oben im Kar – Bilder von Leben und Tod, vom ewigen Kampf um die Beute und vom Überleben in einer harten, unwirtlichen Region. Aber so plötzlich, wie sie zuvor über uns gekommen waren, war jetzt alles wieder ruhig und friedlich, der Wind hatte sich gelegt, die Sonne wärmte immer mehr, und drüben auf dem Dach des alten Heustadels sang der Rotschwanz sein schüchternes Lied, und das hieß nichts anderes als: Ich bin wieder da, und bald, schon bald wird der Sommer kommen.

Diesmal hat der Adler bei seinem Beuteflug Erfolg gehabt und ein ausgewachsenes Murmeltier geschlagen.

Der Morgen dämmert über dem Balzplatz.

Der Zauberberg

Frühzeitig, schon als Knabe, erlag ich dem Zauber der Spielhahnbalz im Hochgebirge. Zur Zeit der Schneeschmelze, manchmal schon im April, sah ich oft zu nächtlicher Stunde ein Licht durch den Bergwald auf der gegenüberliegenden Talseite höher wandern. »Das sind die Hahnenjäger«, erklärte die Mutter. Und Hahnenjäger waren für mich geheimnisvolle, rätselhafte Wesen. So geheimnisvoll und rätselhaft wie die großen, weißen Berge, die sich unweit unseres Hauses erhoben und mit ihren vereisten Gipfeln in den Himmel hineinwuchsen. »Und warum jagen sie den Spielhahn?« fragte ich unermüdlich. »Weil er ein zauberhafter Vogel ist, schön und bunt, mit roten Rosen und krummen Federn«, bekam ich zur Antwort. Und seitdem wollten mir diese krummen Federn nicht mehr aus dem Sinn: Der Zauberberg der Jagd hatte sich mir geöffnet und mich mit seiner Magie für immer in seinen Bann geschlagen.

Den ersten Spielhahn hörte ich dann wenig später, als wir unweit des Hauses, nahe den jäh abfallenden Felsstürzen des Kalksteines, den Acker pflügten. Es war ein heller Aprilmorgen, die Schwalben waren zurück, und die Lerchen trillerten am Himmel. Ich führte das Haflingerpferd am Halfter, während sich hinten ein großer, knorriger Mann gegen den Pflug stemmte und die blanke Pflugschar mit all seiner ungestümen Kraft in die warme, dampfende Erde rammte. Er war ein schon recht alter Mann, aber noch immer voller Energie und Zähigkeit, geprägt von den Härten und Entbehrungen eines einsamen Bergbauernlebens, aber von der Liebe zu den Bergen und der Leidenschaft für die Jagd in seinem Herzen für immer jung erhalten, und er hatte für uns Kinder keinen Namen, für uns war er, wegen der unzähligen Jagdgeschichten, mit denen er uns zu unterhalten pflegte, einfach »der Jäger«.

Sie zeigen ihre krummen Federn.

Am Ende jeder dritten Furche machte er eine Pause, um, wie er sagte, den Gaul nicht zu übermüden, in Wahrheit aber, weil er sich gerne für ein paar Augenblicke hinsetzte, mit seinen großen Bauernhänden kunstvoll eine Zigarette drehte und in dem hellen Frühlingslicht verträumt den blauen Kringelspielen des Rauches nachschaute und dem unermüdlichen Trillergesang der Feldlerchen lauschte.
Und während einer dieser Zigarettenpausen wurde der alte Mann ganz nachdenklich, er drehte verwundert den Kopf nach allen Seiten und seine Augen wurden hellwach. Und dann sagte er plötzlich: »Hörst du ihn? Oben am Kalkstein, jetzt der Kuckuck … und jetzt, jetzt, ja, ja!, jetzt der Spielhahn.« Und ein glückliches Lächeln lief über sein zerkerbtes, braunes, altes Bauerngesicht. Und dann hörte ich ihn auch. Der sanfte Wind trug sein Lied von der Höhe des Kalksteins herab, für Augenblicke hing es klar und deutlich hörbar über uns, dann wehte es der Wind fort, nur noch Bruchstücke waren zu vernehmen, und die versickerten schließlich über Wäldern und Feldern.
Dann pflügten wir weiter. Den ganzen Tag pflügten wir, und der Spielhahn wollte uns nicht mehr aus dem Sinn. Oft wanderte mein Blick zu den schneebedeckten Höhen des Kalksteins hinauf, wo sich die latschenverwachsenen Dolomitgipfel erhoben und wo irgendwo in luftiger Höhe unter dem seidigblauen Himmel der Spielhahn singen mußte.
Der Jäger stieg in der folgenden Nacht ins Gebirge hinauf, und als ich am Morgen, kurz nach Sonnenaufgang, das Pferd aufs Feld führte, saß er schon draußen, neben der langen Reihe schnurgerader und schwarz glänzender Furchenzeilen, die wir tags zuvor in die warme Frühlingserde gezogen hatten.
Er saß auf einem der vielen Wurzelstöcke, die die Lawinen ins Feld geworfen hatten. Und neben ihm, an einem der verdrehten Wurzelarme, neben Rucksack und Hahnenflinte, hing tatsächlich dieser wunderbare, farbenprächtige Spielhahn vom Kalkstein, den wir am Vortag noch singen gehört hatten. Ab und zu fiel ein weinroter Tropfen Schweiß aus seinem Schnabel, und in der Morgensonne schimmerte sein Gefieder metallblau, während die roten Rosen noch voll Leben zu leuchten schienen. Mein Gott, war der Vogel schön! Und dann stand der Jäger auf und nahm ihn in seine großen, braunen Hände, entfächerte sein Spiel und zählte mir die vielen krummen Federn einzeln vor, und es war ein herrlicher, starker und für unsere heutigen Verhältnisse überaus kapitaler Hahn. Und da fühlte ich etwas ganz Seltsames in mir, eine wilde Lust, alles hier liegen- und stehenzulassen und selber ins Gebirge hinaufzusteigen, durch die Nacht und durch das Sternenlicht, und nach diesem rätselhaften Vogel zu suchen. Das Spielhahnfieber hatte mich schon als Kind ergriffen, und es sollte mich seitdem nie mehr loslassen.
Richtig zu sehen habe ich den ersten Spielhahn dann erst einige Jahre später bekommen. Aber das ist eine andere Geschichte, und da sind wir eines Tages, der alte Jäger und ich, im Frühjahr an einem späten Nachmittag auf die noch recht winterlich und abweisend wirkende Alm über unserem Dorf gegangen. Im Tal lag noch sehr viel Schnee, und die Berge sahen abweisend und kalt und gefährlich aus. Nur sonnenseitig hatte der warme Wind schon einige braune Flecken in die Landschaft gefressen. Im letzten Sonnenlicht erreichten wir die Almhütte, wo wir nächtigen wollten. Während der Jäger im kalten Herd mit viel Mühe ein Feuer entfachte, saß ich draußen auf der alten Holzbank vor der Westseite der Hütte und genoß die letzten Strahlen der untergehenden Sonne. Noch herrschte tiefer Winter auf der Alm. Alles war schneebedeckt und in eisiger Erstarrung gefangen. Aber jetzt, in den Abendstunden, lag ein seltsames, fast schon verheißungsvolles Licht über den ausgedehnten Schneefeldern, der Himmel stand zitronengelb über dem Westgrat, die Nacht wollte nur zögernd kommen, und über allem lag die Gewißheit, daß nun der Winter vorbei war und daß es nur mehr eine Frage von Tagen sein würde, bis die ersten Frühlingsstürme die Alm im Handstreich erobern würden. Auf der großen Lärche hinter der Hütte sang die Ringamsel ihr heiseres Lied. Das Schmelzwasser aus der Dachrinne tropfte immer leiser und einschläfernder. Während über den Waldtiefen schon bläulich der Abend stand, lag hoch oben auf den Schneehängen über der Alm, auf Latschenfeldern und steilen Felsabstürzen noch ein letzter, rötlicher Sonnenschein.
Und da oben rauschte plötzlich ein Spielhahn in den Abend hinaus, rauschte und blies und fauchte voller Kampflust, einmal und dann noch einmal und immer wieder, ohne daß er von irgendwoher eine Antwort bekam, und sang sich langsam und leise ein und steigerte sich dann beständig. Und dann rollte sein Lied Strophe für Strophe über die Alm hin, daß es nur so eine Freude war, ihm zuzuhören. Weit oben am Steilhang, dicht unter den letzten, einzelnen Latschen, war ein Schneebrett abgerutscht, und dort war der einzige apere Fleck auf der ganzen Alm. Und in dem braunen Lahnergras, zwischen den bunten Tupfern der Berganemonen, sah ich nun den Spielhahn hochflattern und im Fernglas seine Rosen rot aufleuchten. »Tschuchui, tschui, tchiuchui«, rief er über die

Der Spielhahn und die Krokuswiese

Alm hin, und dann balzte der Hahn drauflos, sprang in die Höhe, drehte sich mit gespreizten Schwingen und dick angeschwollenem Hals sichtlich verzückt im Kreis, rauschte wiederum, und im erneuten Aufflattern hörte ich das laute Klatschen seiner Schwingen. Und dann versickerte sein Lied plötzlich, der blauschwarze Vogel sank in sich zusammen, als wollte er noch das letzte Licht, die letzte Wärme in sich aufnehmen. Und wenig später, als schon die Schatten des Abends die Berge umwoben, schwang er sich plötzlich hoch, nahm Luft unter die Schwingen und segelte über die Alm hinaus, in kühnem, die Luft durchschneidendem Flug, und stürzte geradezu wie ein Pfeil in den feuerroten Himmel hinein, der nun über den schwarzen Bergrändern im Westen noch einmal aufglühte.
Den Hahn haben wir dann am nächsten Morgen nicht bekommen. Als wir ihn im ersten Dämmerlicht am Balzplatz anpirschten, kam er, geblendet und betört von Kampfeslust und Liebestaumel, auf das Geräusch des hart gefrorenen, knirschenden Schnees unter unseren Schuhen, so nahe heran, daß wir ihn für einen winzigen Augenblick fast mit den Händen hätten greifen können. Jäh erkannte er aber seinen Irrtum, flatterte auf die nächste Schneewächte, und dort stand er nun in all seiner Pracht just in dem Moment, als die Sonne sich über den Rand der Gletscher im Osten schob, und die ersten Strahlen ließen sein Gefieder metallblau aufschimmern, und es verschmolz mit dem Schattenblau der Schneehänge und Lahner und dem Glutrot des Sonnenballs zu einem unwirklichen Farbenspiel. Geblendet waren wohl auch wir für einen Moment von der ganzen Schönheit dieses Anblicks, so daß der Jäger den Hahn in der Aufregung glatt fehlte. Oder doch nicht so ganz, denn im Aufdonnern seiner alten Flinte flatterte der Spielhahn zwar davon, aus seinem Sturzflug löste sich aber deutlich sichtbar eine seiner langen, krummen Stoßfedern, und sie schaukelte im Morgenwind wie ein kleines Souvenir langsam zu uns herab. Ich durfte sie damals behalten, und ich habe sie aufbewahrt – und nach vielen, vielen Jahren habe ich sie heute noch, als kleine Erinnerung an glückliche Kindheitstage draußen in einer freien und großartigen Natur und an meinen ersten richtig erlebten Spielhahn.

Oben, auf dem alten Baumstock, bläst einer.

Zwischen den Jahreszeiten

Gruapa« – schon wenn ich mir diesen Namen vorsage, erfüllt eine unbestimmte Sehnsucht nach Heimat und Heimatbergen mein unruhiges Jägerherz. Das »Gruapa«, von Grube oder Griabl kommend, vom Südtiroler Bergbauern in jahrhundertelangen Abweichungen schließlich zum härter und markanter klingenden »Gruapa« verformt, ist nichts anderes als ein Bergtal, eine längliche und weitgehend flache Mulde, die sich vom oberen Waldrand nördlich meines Heimatdorfes zunächst sachte ansteigend, dann in eine weit ausladende Senke übergehend und letztlich immer schmäler und steiler werdend bis zum Berggrat hinaufzieht.
Diese Senke, deren Ränder zu flach ansteigen, um sie als Kar oder als Kessel zu bezeichnen, ist das eigentliche »Gruapa«. Hier wird die Steigung des Tales unterbrochen, breitet sich ein weiter, ebener Boden aus, in dessen Mitte zwei uralte Heustadel stehen. Früher gutes Bergheu bergend, stehen heute die beiden Stadel mit ihrem Dach aus großflächigen, vermoosten Steinplatten schon seit Jahrzehnten ungenützt und sind somit nur noch ein Zeugnis ehemaliger harter Bergbauernarbeit. Ihr Äußeres ist längst verwittert. An ihren Dächern und Balken rütteln die Winterstürme und Sommergewitter, die Steinplatten auf dem Dach rutschen langsam auseinander, zerbrechen und zerbröckeln, sind von Moos überwachsen. Überall nagt der Zahn der Zeit. Aber noch stehen die beiden Holzbauten wie ein Mahnmal aus einer anderen Epoche und trotzen jeder Herausforderung.
Nach dem kurzen Bergfrühling, mit der Blütezeit und dem betörenden Duft der hier üppig wachsenden Alpenflora, war diese weite Mulde im Hochsommer immer mit Leben erfüllt. Die Bauern brachten das Bergheu ein, und die ganze Familie lebte für

Im späten Mai ist die Alm längst ausgeapert – aber sie balzen immer noch.

Farbenzauber eines Frühlingsmorgens am Berg

zwei Wochen auf »dem Mahd«. Weithin ertönte das Hämmern der Dengler, die Sensen rauschten durch das taufrische Gras, und die Wetzsteine sangen von der Morgendämmerung bis tief in den Abend hinein. Nachts gab es manch fröhliches Zusammensitzen unter dem breit ausladenden, schützenden Vorsprung der Stadeldächer, wo auf offenem Feuer das Abendessen, Schmarrn oder Rahmmus, Kartoffelnudeln in Rahm oder ganz einfaches Milchmus, zubereitet wurde. Im Widerschein des fern hinter den Gletschern heraufflackernden Ungewitters kreiste so manche Mär und Sage, wurden Geschichten von Jägern, Wilddieben und Schmugglern erzählt, die in den Bergen umgekommen waren. Und die Nacht war erfüllt von den geisterhaft kreisenden Gestalten, die zwar längst verstorben, aber vom Volk nie vergessen werden. Mit dem ersten blau-weiß über dem »Gruapa« aufblendenden Blitzstrahl, dem ersten niederwuchtenden Donnerschlag, fand dann das Erzählen ein Ende, und alle verkrochen sich ins frische Bergheu, um trotz des Tobens des Gewitters tief und unbeschwert dem ersten Licht des neu erwachenden Tages entgegenzuschlafen.

Das ist alles längst vorbei, ist längst Geschichte und lebt nur mehr fort in frühester Kindheitserinnerung, denn heute ist das »Gruapa« winters und sommers verlassen. Verstummt ist das Singen der Wetzsteine, niemand kümmert sich mehr um »das Mahd«, das zunehmend verwächst und verwildert und von Bürstling und Berglatschen überwuchert wird.

Und doch ist es immer voll Leben. Zu allen Jahreszeiten stehen Gams auf den grasigen Lahnern. Im Hochsommer treibt der rote Rehbock seine Geiß vom Bergwald bis auf die Alm hinauf. Und in letzter Zeit zieht auch so mancher heimliche Berghirsch hier seine Fährte. In dem von Latschen überwucherten Geröll linker Hand der beiden Stadel leben Steinhühner, weiter oben das Schneehuhn. Auf den Stadeldächern singen Alpenbraunelle und Rotschwanz ihr Lied, und auch Steinschmätzer sind da. Berg- und Schneefinken fallen manchmal in lärmenden Schwärmen ein. Stets ist die Luft erfüllt vom verwegenen Schrei der Dohlen und dem tieftraurigen Locken der Bergraben. Fast immer kreist der Steinadler über der Mulde, und sein Schatten fällt dann groß übers »Gruapa«. Der Turmfalke rüttelt am blauen Himmel, und ab und zu, wenn der Winter langsam, fast unmerklich in den Frühling übergeht, balzt ein Spielhahn auf der freien Fläche über dem Bergwald.

Aber so ein richtiger Spielhahnbalzplatz ist das »Gruapa« meines Wissens eigentlich nie gewesen. Nur zu Großvaters Zeiten sollen die Hahnen dort noch recht häufig gebalzt haben. Und er hat – seine Tagebuchaufzeichnungen verraten es – so manchen Krummgefiederten dort oben erlegt. Ein halbes Jahrhundert später, als ich zum ersten Mal mit der Büchse die heimatlichen Wälder und Berge durchstreifte, blieb es im Frühjahr im und ums »Gruapa« herum recht still. Die guten Spielhahnbalzplätze lagen auf den Bergmähdern weiter im Westen. Nur ab und zu ertönte auch drinnen im »Gruapa« ein leises Rauschen und Rodeln. Oder war es einfach so, daß die »Gruapa«-Hahnen noch heimlicher und vorsichtiger waren als alle anderen, zumal der Steinadler dort oben häufig kreist und im offenen Gelände auch mehr Chancen hat, den balzenden Hahn zu schlagen. Vielleicht hatte sich deshalb die Balz in den Bergwald hinunter verlegt, und im Schutz des Krummholzes und der Wetterfichten sang dann der Hahn, vom Adler und Jäger unentdeckt, über Jahre heimlich sein Minnelied.
So kann es durchaus gewesen sein – aber als ich in jenem nun schon recht fernen Jahr vor Aufgang der Jagd zum Hahnverlosen auf einem die ganze Sonnenseite überragenden Felsköpfl oben saß, von dem aus man Almen, Kare, Hänge und Lahner gut überblicken kann, ertönte weit drinnen, jenseits der großen Gräben und Schluchten, plötzlich das Rodeln eines Spielhahnes. Die ganze Bergseite entlang sangen nach Tagesanbruch wohl ein gutes Dutzend Hahnen, aber der im Osten war deutlich herauszuhören. Mit dem Glas suchte ich die zum Teil noch verschneiten Lahner und Hänge ab, entdeckte hier und dort einen balzenden Hahn. Mein Blick schweifte schließlich zum »Gruapa« hinein, und dort, auf den großen Schneeflecken unterhalb der beiden Heustadel, bewegte sich tatsächlich ein kleiner schwarzer Punkt auf und ab: der Spielhahn.
Im Spektiv schaute ich ihn mir genauer an. Es war ein besonders schwarzer, blau schillernder Hahn, und beim Balzen streifte sein breiter Stoß über den Schnee. Lange balzte er verzückt vor sich hin. Als dann die Sonne kam, verschwieg er einen Augenblick, sank in sich zusammen und flatterte plötzlich hoch. Nein, er schwang sich nicht über die Wälder hinab, sondern fiel auf dem Dach des äußeren Stadels ein und balzte dort ganz vorne auf dem Giebel eine gute halbe Stunde im hellen Sonnenschein. Dann flatterte er wiederum hoch, und im Segelflug strich er über die großen Wälder hinab. Das war der »Gruapa«-Hahn.
Auch wenn es im Revier genügend andere Hahnen gab, vielleicht noch bessere, stärkere, die auch leichter zu kriegen waren, am nächsten Morgen wollte ich ins »Gruapa« aufsteigen. Zuviel Zauber, zuviel Romantik liegt für mich in diesem Wort. Zu viele Jugenderinnerungen kreisen um diese Bergmulde mit den zwei Heustadeln. Dort nun auch noch einen Spielhahn zu schießen, nach all dem, was mir die Jagd schon geboten hatte: Ich wagte es eigentlich gar nicht auszudenken, wagte es nicht so richtig zu

Enziane schieben sich durch den Schnee.

Noch hat der junge Rehbock nicht verfegt.

glauben. Aber versuchen wollte ich es auf jeden Fall.
Nachdem ich in der folgenden Nacht bereits nach Mitternacht aufgestanden war, brach ich dann frühzeitig von zu Hause auf. Als ich über die Felder zum Waldrand hinaufging, standen die Sterne noch hell und klar am Himmel. Keine Wolke trübte das Firmament. Hinter mir versank das kleine Dorf mit seinen wenigen Lichtern immer mehr in der Dunkelheit. Im Feld schreckten Rehe, irgendwo schrie ein Kauz. Im zerklüfteten Bergwald meldete sich der Uhu.
Im Schein der Taschenlampe wanderte ich höher. Der Weg führte in Serpentinen durch den Wald. Auf der »Ebene«, einer kleinen Waldlichtung, machte ich eine erste Rast. Dann ging's weiter, in einem Zug bis zum oberen Waldrand, zur Waldgrenze hinauf. Dort setzte ich mich, mit dem Rücken gegen einen Lärchenstamm gelehnt, erneut nieder. Es war erst zwei Uhr am Morgen, in einer guten halben Stunde würde ich dann im »Gruapa« oben sein. Ich hatte also viel Zeit nachzudenken, zu planen und Entschlüsse zu fassen.
Noch immer standen die Sterne kalt und klar am Himmel, aber von Süden her zogen einzelne Wolken auf. Auch auf der gegenüberliegenden Waldseite, der Schattenseite, war ein schwaches Licht zu erkennen, das durch die Dunkelheit höher wanderte. Auch dort war ein Hahnenjäger unterwegs. Wieder schrie in der Tiefe der Waldberge der Uhu. Und dann wiederum ein Kauz.
Halb drei war's nun, Zeit zu gehen. Fauler Altschnee lag auf dem letzten Stück zum »Gruapa« hinauf. Ich brach bis zu den Knien ein. Aber dann hatte ich die letzten Bäume erreicht. Vor mir lag das »Gruapa«. Auf den einzelnen Schneeflecken, die im Sternenlicht schimmerten, hatte der Hahn gestern gebalzt. Hier mußte ich einen guten Ansitzplatz suchen. Aus der Erinnerung wußte ich, daß auch hier am Waldrand früher einmal ein Heustadel gestanden hatte, der inzwischen aber längst verfallen sein mußte. Tatsächlich fand ich in der Dunkelheit die Reste des alten Stadels. Ein paar morsche Balken lagen noch da, hingen lose zusammen, hinter ihnen konnte man sich gut gedeckt ansetzen. Nun hatte ich die ganze Bergwiese übersichtlich vor mir liegen. Auch das Dach des einen »Gruapa«-Stadels weiter oben konnte ich noch gut einsehen. Selbst wenn sich der Hahn wieder da hinaufschwingen sollte, konnte ich

Hinter blühendem Huflattich taucht das Wiesel auf.

ihn von hier aus mit einem Kugelschuß gut erreichen.
Drei Uhr war es jetzt. Viel Zeit hatte ich noch, erst in etwa zwei Stunden würde der Hahn, wenn überhaupt, einfallen. Noch war es finster, nur die Schneeflächen reflektierten das Sternenlicht, und langsam, langsam gewöhnte sich das Auge an die Umrisse der nächtlichen Bergwelt.
Hoch oben im Norden hob sich schneeweiß die mächtige Pyramide des Wolfendorn gegen den flimmernden Sternenhimmel ab. Dort oben, auf dem Plateau, von dem die Felswände senkrecht in die Tiefe stürzen, hatte den Hüterbuben Walter Obermüller einst der Blitz erschlagen. Ein furchtbares Gewitter war damals an einem Nachmittag im Juli übers Gebirge hereingebrochen und hatte seine Geißenherde auf dem ausgesetzten Hochplateau überrascht. Der Junge, erst zwölfjährig, aber schon voller Pflichtbewußtsein und Selbstaufopferung, verließ die schützende Alm und stieg trotz des Unwetters zur Herde hinauf, um sie in Sicherheit zu bringen. Er kam nicht mehr zurück. Bis in die Abendstunden tobte das Gewitter über dem Tal. Kaum, daß Blitz- und Donnerschlag aussetzen wollten. Erst nach langem Suchen fand man den Jungen oben am Wolfendorn vom Blitzstrahl wie schlafend hingestreckt. In einer Decke trugen ihn die Bauern zu Tal. Es wurde ein trauriger Heimgang.
Fernab im Dorf schlug die Turmuhr jetzt Viertel nach drei.
Auf der nordseitigen Flanke des Wolfendorn, dort, wo die Grenze zwischen Italien und Österreich verläuft, hatte die Windlahn einst drei Schmuggler aus dem Pustertal verschüttet. Zwei fand man schon recht bald. Steif gefroren, mit verrenkten Gliedern, wurden sie aus dem Schnee gegraben und in der alten Kirche in Kematen, die für den Gottesdienst nicht mehr benutzt wurde, aufgebahrt. Abends versammelte sich die Dorfgemeinschaft zum traditionellen Totengebet in der alten Kirche. Dabei muß es recht gespenstisch zugegangen sein. Da lagen die beiden Toten mit verrenkten Beinen auf schnell zusammengezimmerten Holzbahren, die flackernden Kerzen warfen unruhige Schatten an die Kirchenwand, dazu der Singsang der Totengebete von Jung und Alt, deren Stimmen nicht den richtigen Rhythmus und Einklang finden wollten. Und plötz-

Spiel von Licht und Schatten auf der Bergwiese

lich ließ einer der toten Schmuggler sein immer noch emporgerecktes, inzwischen aber durch die Wärme aufgetautes Bein mit dem schweren Bergschuh am Fuß auf die Holzdielen krachen, die Beter verstummten jäh vor Schreck und stürzten davon. Den dritten verunglückten Schmuggler fand man dann erst im Frühsommer, als die Windlahn hinterm Wolfendorn endgültig ausaperte.

Aber jetzt war tatsächlich schon eine Vogelstimme da. Eine Ringamsel rührte sich, stimmte zögernd und heiser ein Lied an, verstummte wieder. Noch war es zu früh, halb vier. Ich konnte weiter meinen Gedanken nachhängen.

Drüben unter der Wilden Kreuzspitze hatte die Windlahn einmal einen deutschen Pastor verschüttet. Als man ihn schließlich fand, wollte ihm der katholische Ortsgeistliche Aufbahrung und Begräbnis verweigern. Aber es gab doch noch einen christlichen Bauer im Dorf, der den Toten gegen allen Widerstand in seiner Stube aufbahren ließ und für ein anständiges Begräbnis, wenn auch nur an der Kirchenmauer, sorgte.

Und dann die vielen Toten am Hochferner und Hochfeiler. Einmal hat Eisschlag in der Hochferner-Nordwand zwei Bergsteiger erwischt und … und das Erzählen würde kein Ende nehmen. Ich schaute kurz auf die andere Talseite hinüber, wo die weiße Kette der Pfunderer Berge im Sternenlicht wie Perlmutter dalag. Groß und mächtig, wild und unnahbar waren diese Berge. Die Menschen kamen und gingen, die Berge aber blieben immer gleich: majestätisch und in sich selber ruhend und fast schon beängstigend in ihrer Entrücktheit, und doch waren sie Heimat und Inbegriff all dessen, was man mit den Worten Glück und Geborgenheit verbindet.

Aber jetzt war der Schimmer über den Schneefeldern etwas stärker geworden. Halb fünf war es nun. Und schon knarrte weiter oben ein Schneehahn. Eine Weile war es still. Dann wetzten Steinhühner in den Latschen. Die Ringamsel stimmte das Morgenlied an, der Rotschwanz fiel ein, rauh und heiser sang er sein Lied. Kleiner, unscheinbarer Rotschwanz: Was hat dich aus dem fernen, heißen Süden wieder hierher, auf die noch recht winterlich wirkende, gar oft auch im Frühjahr noch schneesturmumtoste »Gruapa«-Alm« geführt? Welcher Stern hat dich geleitet, welche Sehnsucht getrieben? Auf dem Stadeldach oben saß er und zwitscherte in

Die Balz der Hänflinge

die weichende Nacht hinein, ein einsamer kleiner Vogel – und doch voller Geheimnisse und Rätsel. Jetzt nahmen die Bäume unter mir Formen an, langsam wuchsen die Berge aus dem Nachtdunkel heraus. Die Sterne verblaßten, ein kalter Windhauch kam auf. Im Süden wuchs plötzlich eine schwarze Wolkenwand übers Tal herauf. Wenn das Wetter nur noch eine Stunde hielt.
Und dann blies der erste Hahn in den Morgen hinein. Aber nicht im »Gruapa« meldete er, sondern in den Latschenfeldern weiter draußen. Dünn und hoch ertönte dieser erste, herausfordernde Lockruf. Aber das konnte nicht der alte Hahn sein, den ich gestern gesehen hatte. Seine Stimme klang hell und hoch. Das war ein junger. Noch einmal »pfiff« er, ohne zu rodeln.
Und da ertönte unweit von mir und wie mir schien, etwas tiefer unten am Waldrand, ein tiefes, kurzes, aber entschlossenes »Tschiui, Tschiui«. Das war er, der »Gruapa«-Hahn. Immer wieder rauschte er, zischte dazwischen, und schon hörte ich, ohne ihn aber zu sehen, wie er flügelklatschend in die Höhe flatterte. Ich versuchte ihn heranzulocken, er flatterte aber lediglich aus dem schützenden Bergwald auf die freie, apere Fläche herauf und begann, für einen sicheren Schuß zu weit entfernt, vor mir zu balzen. Sosehr ich mich auch bemühte, er ließ sich nicht näher heranlocken.
Der Hahn balzte nun, daß es eine Freude war, ihm zuzuschauen. Hennen flatterten gackernd über dem Balzplatz hin und her. Und solange sie in seiner Nähe waren, würde es schwer sein, ihn heranzulocken!
Ich hatte inzwischen meine Ferlacher Bockbüchse hergerichtet und versuchte schon einmal zu zielen. Sehr klein war der Hahn im vierfachen Zielfernrohr. Außerdem war es noch etwas zu dunkel, um zu schießen. Ich wartete geduldig, und plötzlich flatterte der Hahn über den Hang aufwärts und fiel weit oben in einer Mulde ein, so daß ich ihn nun überhaupt nicht mehr sah. Wie von weit her hörte ich nun sein Rodeln, Grugeln und Zischen.
Ein eiskalter Wind kam auf, brauste über den Bergwald hinunter und ließ die uralten Stämme aufgreinen. Das Wetter würde umschlagen. Wenn das so weiterging, würde die Balz bald abflauen. Aber jetzt sah ich den Hahn oben in die Höhe flattern. Laut blies er wieder in den Morgen hinaus, ich zischte

Das Lied ist aus.

zurück, er rauschte, ich rauschte zurück, und schon kam er im Segelflug etwas näher, fiel ein, richtete sich hoch auf, flatterte mit den Schwingen. Dann rodelte er wieder verzückt vor sich hin. Nun war er immer noch gut hundert Meter entfernt und balzte außerdem erneut in eine Bodenvertiefung hinein.
Ich wurde langsam unruhig. Im Zielfernrohr sah ich nur den Stingel des Hahnes, wenn er sich aufrichtete. Wieder rauschte er und trippelte schließlich ganz nach vorne an den Rand der »Gruapa«-Senke. Spitz von vorne hatte ich ihn nun, hoch aufgerichtet rauschte und zischte er in meine Richtung, da, wo er seinen Herausforderer vermutete. Und dann krachte auch schon der Schuß übers »Gruapa« hin. Der Hahn kollerte über den Schneehang herab und blieb unweit vor mir in einer Mulde liegen.
Erst jetzt sah ich, daß der Himmel von bleigrauen, schweren Wolken verhangen war. Der Sturmwind orgelte über die Bergwälder hin. Lange hätte die Balz sicher nicht mehr gedauert. Dann ging ich zu meinem Hahn hinüber, nahm ihn auf, streifte sein Spiel mit den langen, breiten, krummen Federn auseinander. Ein starkes, schwarzblaues Stück war es, vielleicht mein bester Spielhahn überhaupt. Dann stieg ich, voll des Jägerglücks, zu den »Gruapa«-Stadeln hinauf, legte ihn auf das Steinplattendach, setzte mich hin, trank einen Schluck heißen Tee und schaute nachdenklich und verträumt auf die weiße Bergkette auf der anderen Talseite hinüber.
Sonnenstrahlen fielen durch eine Wolkenlücke. Tiefblau glänzte das Gefieder des kleinen Bergritters. Dann verschwand die Sonne wieder. Ein eiskalter Windhauch kam nun auf und trieb ein paar Schneeflocken vom Joch herab. Zeit war's zu gehen. Ich hängte den Hahn an den Rucksack und stieg ins Tal hinab, dem Frühling und der Wärme entgegen. Als ich aus dem Bergwald auf die blühenden Wiesen hinaustrat, brach wieder die Sonne durch die Wolkenlücken. Noch einen Blick warf ich zurück aufs »Gruapa«, wo die Wolken tief herabhingen und immer noch der Winter brütete. Dann wandte ich mich wieder dem Tal zu, und dort im Westen flutete nun in verschwenderisch blendender Fülle das Licht des Südens durch das Felsentor, und ich ahnte plötzlich, daß der Sommer nicht mehr weit war.

Die Natur kennt keine Gefühle: Der Edelmarder hat die brütende Birkhenne geschlagen.

In den Baumgipfeln balzt ein Haselhahn.

Bergwaldzauber

Einmal im März hat mir der Bergwald all seinen geheimnisvollen Zauber enthüllt.
Es war ein milder Vorfrühlingstag mit leichtem Schneetreiben und etwas Sonne. Ein kraftloser Wind trieb den Wirbel der Schneeflocken durch den düsteren Lärchenwald gegen die scharfen Strahlen der schon wärmenden Sonne hin, die aus ständig wandernden Wolkenlücken fielen, und hoch oben glänzten und glitzerten die weißen Berge, daß man vor lauter Licht geblendet die Augen schließen mußte. Der Bergwald war noch immer tief verschneit und wirkte kalt und tot und abweisend. Und doch lag an diesem Tag ein beschwingendes und erlösendes Gefühl in der Luft, jenes geheimnisvolle und beglückende Ahnen, das nach den langen und lähmenden Wintermonaten nur der nahende Bergfrühling auslösen kann.
Ich war am späten Vormittag zur Alm hinaufgestiegen. Etwa auf halber Höhe zwischen Tal und Berg, in einer tiefen Mulde, zwischen zwei Felskämme gebettet, die beide über die Höhe Richtung Alm hinaufwuchsen, gegen Wind und Wetter abgeschirmt, hatte sich der Bergwald eine kleine, unberührte Wildnis erhalten. Überall lagen umgestürzte und zum Teil vermoderte Baumstämme, bizarre Wurzelstöcke, dazwischen wiederum Gebüsch: Bergerlen mit Ebereschen, tiefgrüne, ja fast schwarze Latschen, eine verlorene Birke, schüttere Lärchen, die beiden Felskämme hinauf buschige Fichten. Dazwischen kleine Sonnenlichtungen, wo im Sommer Farn und Himbeeren, Alpenrosen und Schwarzbeergebüsch wuchern. Während in den Gräben und Mulden noch tiefer, schmutziggrauer und grobkörniger Altschnee lag, war es auf dem felsigen Kamm schon teilweise aper. Und dort leuchtete tiefgrünes Moos fast phosphoreszierend aus dem blendenden

Der Sperlingskauz schaut interessiert zu …

… als am Waldboden ein zweiter Haselhahn auftaucht.

Der Kuckuck ruft wieder im Bergwald.

Weiß des Neuschnees, der in der Nacht zuvor ganz dünn gefallen war und sich an einigen schattigen Stellen gehalten hatte.
Wiederum wirbelte ein Windstoß die immer noch fallenden Flocken durcheinander, und gegen die Sonnenstrahlen hin entstand ein wunderbares Glitzern und Flimmern im Schneetreiben. Und plötzlich fegte ein stürmischer Windstoß die letzten Wolken über dem Bergkamm im Süden des Tales auseinander, und groß und weit und blau tat sich nun der Himmel von einem Horizont zum anderen auf. Das ganze Bergtal war nun von Licht und Sonne überflutet. Es war warm und angenehm, und der Frühling war nun wohl nicht mehr aufzuhalten.
Und in die Stille hinein ertönte plötzlich silberhell der Balzgesang des Haselhahnes. Nicht weit über mir sang der Hahn im Wipfel einer Lärche. Ganz deutlich war nun seine Strophe zu hören. Ein alter Hahn mußte es sein, denn sauber und schneidig und mit relativ kurzen, abgehackten Strophen spißte er sein Lied vor sich hin und wiederholte es immer wieder. Und dann antwortete weiter oben am Berg ein jüngerer Hahn. Das war dem alten sofort zuviel. Gleich hörte ich sein Flügelklatschen und dann den burrenden Flug blitzschnell an den Baumstämmen vorbei. Mitten im schönsten Angriff ließ er sich zu Boden fallen, landete flügelklatschend auf einem liegenden Baumstamm und lief nun dort, mit gespreizten Schwingen und erregt aufgerichteter Holle, hin und her. Und dann wieder ein Flügelklatschen, ein burrender Flug und das Lärchendickicht hatte ihn verschluckt. Und augenblicklich verstummte der junge Hahn, und später hörte man nur mehr das Spissen des Alten. Jetzt wußte ich also: Das Revier gehörte ihm allein, und ich würde ihn im Herbst hier finden. Dann wollte ich mit der Hahnenflinte meines Großvaters hinaufsteigen und nach ihm jagen.
Als es dann Oktober war, dachte ich wieder an den Haselhahn im Bergwald oben. Aber zu diesem Zeitpunkt war ich von meinem Heimatrevier weit weg, in einer großen, fremden Stadt, und der kleine Haselhahn hatte ein weiteres Jahr seine Ruhe vor mir und niemand würde ihn – diesen kleinen Waldkobold mit seinem schmucken, schwarzen Halsfleck im braun gesprenkelten Gefieder und der lustig wirkenden, oft zornig aufgestellten Holle auf dem kleinen Köpfchen – in seinem versteckten Bergwaldparadies finden. So dachte ich mir und hoffte insgeheim, daß

Wenn der Berg ausapert, findet der Fuchs so manchen Kadaver.

der kleine Hahn in Zukunft auch von der Jagd verschont werden würde, was denn auch zumindest in Südtirol geschah, und auch darauf, daß die Forstwirtschaft mit seinem Lebensraum in Zukunft etwas gnädiger umgehen würde, was bis jetzt aber leider nicht der Fall gewesen ist.
Im nächsten Frühjahr bin ich dann noch einmal hinaufgestiegen, und auf der kleinen Waldlichtung habe ich lange nach dem Lockruf des Haselhahns gelauscht. Aber der Bergwald blieb diesmal stumm, nur die Stämme der alten Lärchen greinten wie immer vor sich hin, und hoch oben ging ein seltsames, verwunderliches Rauschen durch die mächtigen Wipfel, und sie wiegten und wogten im Windzug hin und her. Beim Abstieg fand ich dann einen braunen Federbalg am Waldboden. Da hatte wohl der Baummarder den Haselhahn geschlagen. Betroffen nahm ich die braun gestreiften Schwungfedern auf, ging gedankenverloren den Weg weiter, als vor mir im Alpenrosengebüsch plötzlich quirlige Unruhe entstand, eine braune Haselhenne direkt auf mich zuflatterte, vor mir den flügellahmen Vogel spielte und mich offensichtlich in eine ganz andere Richtung locken wollte. Und da überquerte auch schon ihre Brut – lauter kleine, braungesprenkelte Federbällchen, ein gutes Dutzend an der Zahl – fröhlich piepsend und lockend den Waldweg, und schon waren sie im Alpenrosengebüsch verschwunden. Und dann war auch die Haselhenne wie vom Waldboden verschluckt, und ich lauschte und drehte meinen Kopf nach allen Seiten, konnte aber nichts mehr entdecken. Aber dann hörte ich plötzlich hoch oben in den Gipfeln den Frühlingsgesang eines Haselhahns. Einmal, zweimal spißte er, sang munter seine Strophe, und sein feines Stimmchen war deutlich zu hören, und das für seinen Abflug so typische Purren, ein Flügelklatschen, und fort war er.
Das mußte der junge Hahn vom Vorjahr sein. Nun, da der alte nicht mehr da war, hatte er dessen Revier übernommen, machte er sich hier breit und tat wichtig und kümmerte sich um die hübschen Hennen und sang ihnen jeden Tag, weiß Gott wie oft, sein verführerisches Liedchen vor, und der Fortbestand des Haselhuhnvolkes war gesichert.
So war es wohl, und ich war zufrieden damit, denn für einen Moment hatte mir der Bergwald ein weiteres Geheimnis enthüllt.

Vergangen ist meines Herzens Weh,
seit nun der Schnee zu taun beginnt
am Flack und auf der Seiser Alm:
Die Erde fängt nun an zu dampfen,
die Wasserläufe schwellen an
von Kastelruth hinab zum Eisack –
das macht mir gute Laune!
Ich hör die Vögel groß und klein
in meinem Wald um Hauenstein
den Klang melodisch modulieren.

Oswald von Wolkenstein

Nun balzt der Auerhahn in höchster Ekstase …

… und nähert sich glöckelnd der braungefleckten Henne.

Wenn die Schatten länger werden, zieht der Rehbock auf die Frühlingswiese.

Auf der Alm ist das große Balzspiel der Birkhähne eröffnet.

Mit Imponiergehabe …

… und seltsamen Verrenkungen …

… und notfalls auch mit Schnabelhieben wird der Gegner vom Balzplatz vertrieben.

Denn die Henne wartet auf den Sieger.

Wenn alle Kämpfe geschlagen und die Hennen getreten sind, balzen die Hahnen …

… nur mehr für sich selber verzückt in den Frühlingsmorgen hinein.

Rauhfußkauz mit Beute auf dem Flug zum Nest.

Wo die Natur noch intakt ist, findet man auch den Iltis.

Der Schneehase hat den weißen Winterpelz schon fast vollständig abgestreift und wartet auf den Sommer.

Im Murmeltierrevier ist immer etwas los.

Die brütende Schneehuhnhenne hat sich perfekt an die Umgebung angepaßt.

Ein reißender Bergbach ist für den Steinbock kein Hindernis.

Der Fuchs sucht im Steinkar nach Beute.

Ängstlich drückt sich die Steinhenne auf ihr Gelege.

Der Steinhahn hat den Fuchs entdeckt und warnt aufgeregt vor der Gefahr.

Überall am Berg regt sich neues Leben: Der überhängende Fels schützt das kleine Steinkitz.

Erst wenige Stunden alt ist das Gamskitz, und schon klettert es über die Gratkante.

Die Schneefinken-Jungen sind schon fast flügge.

Die Gams-Kinderstube

Nach dem Säugen gibt es eine Ruhepause.

Aber oben am Grat lauert der Steinadler – die große Gefahr für die Gamsjugend.

Der Adler stürzt sich herab.

Die Gamskitze spüren die Gefahr.

Schon fußt er über ihnen auf einem Wurzelstock auf.

Da hilft nur mehr die Flucht in ein nahes Latschenfeld.

SOMMER

Zeugen der Einsamkeit

Wetterleuchten über den Höhen

Und plötzlich ist es Sommer am Berg. Jeder Winkel des schütteren Bergwaldes, jedes noch so kleine Tal und jedes Kar ist wieder mit Leben erfüllt. Überall schellt das Almvieh. Und von den Kasern her ist das Rufen der Sennen und Hirten, das Lachen von Kindern, das Scheppern der Milchkannen und das Bellen von Hunden zu hören.
Im Bergwald riecht es nach vermodernden Pilzen und überreifen Himbeeren, nach Schwarzbeerkraut und Harz. Weiter oben blüht der ganze Berg, und eine Wolke von Arnika und Braunellenduft liegt über den Almwiesen, und am azurblauen Himmel kreist der Steinadler, Dohlen schreien in den Felswänden, und Kolkraben rudern mit geschäftigem Locken über die Talenge. In den frühen Morgenstunden und abends, wenn sich das Leben auf der Alm etwas beruhigt hat, kehren die Wildtiere zurück. In dem von Bergerlen überwucherten Graben hinter den Almwiesen treten im ersten und im letzten Licht die Feisthirsche zur Äsung aus. Im August treibt der Rehbock seine zierliche Schmalgeiß über das Mahd, und ihr sehnsuchtsvolles Fiepen ist bis zu den Almhütten zu hören.
Weiter oben im Kar, bei den letzten Schneeflecken, hat sich die Gamsjugend versammelt, und die Kitze rutschen – neugierig beobachtet von ihren älteren Geschwistern und den Muttergeißen – immer wieder über die Schneerinnen hinab und vollführen wahre Freudensprünge. Murmeltiere pfeifen aufgeregt, wenn der Schatten des Steinadlers übers Kar fällt, Steinhühner wetzen, und dann ist wieder der seltsame Ruf der Schneehühner zu hören. Und am steilen Hang über dem Kar blüht das Edelweiß. In ganzen Büscheln hängen die weißen Blumen aus der Felswand, und wenn der Wind übers Joch pfeift, neigen sich ihre Köpfe hin und her, als wollten sie

In den Felswänden über dem Almwald stehen die fuchsigen Sommergams.

den einsamen Jäger grüßen, der bis zum Grat hinaufgestiegen ist, um Salz für seine Gams zu bringen.
Lange sitzt der Jäger oben über dem mit großen Steinblöcken übersäten Talkessel, schaut den Spielen der Gamskitze zu, sieht ganz weit oben unterm Gletscher die Steinböcke über den Grat ziehen, beobachtet, wie der Turmfalke überm Kar rüttelt und die Alpendohlen als Vorboten nahender Gewitter wie schwarze Fledermäuse laut klagend im Aufwind die Felswände entlangtreiben. Erst als der Wind plötzlich heftiger zieht und der Himmel sich verdunkelt und draußen, über der großen Bergkette im Westen, die ersten Blitze schwefelgelb aufflackern, packt er schnell seine Sachen zusammen und steigt hinunter zur Alm. Er kehrt bei den Sennern ein, und in der alten Almhütte sitzen sie dann zusammen, während sich das Gewitter entlädt und der Regen niederrauscht und schließlich in Hagel übergeht. Aber schnell ist der Sturm vorbei, ein frischer Wind reißt die Wolken auseinander, grell fallen die Sonnenstrahlen auf die Alm, lassen die Steinplatten auf den Dächern von Stall und Stadel aufglänzen, ein Regenbogen spannt sich übers Almtal, und alle Blumen leuchten nun frischer und kräftiger als zuvor, und oben, ganz oben, hat die Wilde Kreuzspitze eine weiße Haube auf. Das ist Sommerschnee, und schnell würde er wieder vergehen, so wie der flüchtige Kuß einer Sommerschönen.

Nur kurz, aber intensiv, voller Leidenschaft und Farben ist der Bergsommer.

Mißtrauisch sichert der Rehbock in die Runde, bevor er austritt.

Oben am Waldrand

Das ist die stimmungsvollste Stunde abends am Waldrand. Auf den Talwiesen liegt schon das Legerheu zum Trocknen, und sein würziges, intensives Aroma legt sich schwer auf die Lungen. Aber oben am Waldrand steht alles noch in voller Blüte. Wie frischer Schnee schimmern die Margeritenfelder vor dem dunklen Hintergrund des Fichtenwaldes, und da, wo die Dämmerung schon bläulich zu weben scheint, wiegen und wogen nur unzählige Glockenblumen im sanften Hauch des Abends. Das an- und abschwellende Rauschen des Bärenbaches vereint sich mit dem Gesang der Singdrossel, die auf dem Gipfel der höchsten Lärche sitzt, zu einer sanften Sommermelodie.
Lange bleibt alles ruhig, nur einmal ruft der Schwarzspecht tief drinnen im Wald, Raben fliegen über das Wiesental hin und rudern ihren Schlafbäumen zu. Und plötzlich steht die alte Rehgeiß mit ihren beiden Kitzen sichernd am Waldrand und prüft den Wind, ihr Blick schweift über das Tal, sie leckt das Fell ihrer Kitze, doch die sind ungeduldig und hungrig und stürmen nun voraus auf die Blumenwiese und beginnen an den Gräsern und Kräutern zu naschen. Und auch die Rehgeiß senkt voller Anmut ihr Haupt ins Gras und gibt sich ganz dem Genuß der Äsung hin. Dann folgt ein verspielter Spießerbock, ihr Kitz vom Vorjahr, nähert sich wie zu einem kurzen Gruß der Mutter, erhält aber eine Abfuhr und beginnt ebenfalls zu äsen. Und ihm folgt wenig später ein zierliches Schmalreh, das sich zu der kleinen Gruppe gesellt. Lange bleibt alles ruhig, ein Hase hoppelt aus dem Wald und hält sich immer dicht unterm alten Holzzaun, der die Felder gegen den Wald abgrenzt. Aber plötzlich werfen die Rehe auf, zucken zusammen, der junge Bock macht ein paar Fluchten ins Feld, bleibt verschreckt stehen, blickt zum Wald-

Die Rehbrunft beginnt.

Auf der Waldwiese treibt der starke Bock die Schmalgeiß.

rand hinauf. Und dort oben steht nun ein reifer Bock, dunkelrot in der Decke, mit starkem Träger, das Gesicht leuchtet grau vor dem dunklen Hintergrund des Waldes, sein Gehörn ist hoch und weit ausgelegt, die Stangen dick und bis zu den hell blitzenden Enden hinauf geperlt. Mißtrauisch zieht er den Wind durch die Nüstern, wirft das Haupt zurück, windet mehrmals in alle Richtungen, marschiert dann im Stechschritt und mit gespreiztem Spiegel am Waldrand entlang, ist mit zwei Sprüngen bei einer noch nicht mannshohen Junglärche, stößt wütend das Gehörn ins Geäst und beginnt zu fegen, daß die Fetzen nur so fliegen. Und dann – als wäre er selber erstaunt über seinen ungestümen Kraftausbruch – hält er plötzlich inne und sichert. Die übrigen Rehe haben ihn staunend beobachtet, und in ihren Mienen ist mehr Ängstlichkeit und Respekt als Neugierde. Dann zieht der starke Bock gradlinig zu der Kitzgeiß, begrüßt sie mit einem leichten Stoß des Äsers in ihre hohlen Flanken, blickt verächtlich auf den Jungbock, den allein schon das Schütteln seines Hauptes zu einer Flucht veranlaßt, und ist mit einem Sprung beim Schmalreh. Und schon beginnt das Brunfttreiben. Über die wogenden Blumenwiesen treiben die beiden Rehe fort und verschwinden in einer Bodenmulde. Die anderen äsen ruhig weiter, während sich bläulich der Abend über die Wiesen senkt und am Himmel die ersten Sterne aufflammen. Kalt zieht nun die Luft vom Berg, im Kalkstein ruft der Uhu, dann jodelt der Sperlingskauz. Glühwürmchen schweben über dem Weg, und Fledermäuse spulen in der Luft, fernab schreckt noch ein Reh, und tiefer und tiefer senkt sich nun die Nacht über Wald und Wiesen und nimmt sie ganz in ihren Besitz.

Wild und schön und voller Kraft und Energie ist der rote Sommerbock.

Der rote Waldgeist

Ein Sommertraum

Jagen wir Jäger nicht alle einem zauberhaften und mitunter unerfüllbaren Traum nach? Das unvergeßliche Rehbock-Epos »Traum auf grünem Grund« des bayrischen Jagdschriftstellers Ludwig Benedikt Freiherr von Cramer-Klett, die Geschichte vom wundersamen Rehbock aus dem Schwarzenbachtal, dem der junge Baron jahrelang unermüdlich und verbissen nachgepirscht hat, um am Ende geschlagen und um sein Jagdglück betrogen dazustehen, ist nur ein Beispiel für viele. Nicht selten ist es gerade die Jagd als solche und nicht so sehr der Jagderfolg, der uns später mit Genugtuung erfüllt. Der kapitale Hirsch, der starke Bock, der stolze Gams – oft bleiben sie ein Traum, und die Pirsch wird grenzenlos, ganz im Sinne Friedrich von Gagerns, des alt-österreichischen Großmeisters der Jagdliteratur, der seinem berühmten Werk »Birschen und Böcke« zum Geleit schrieb: »Jagd ist Schauen, Jagd ist Sinnen, Jagd ist Ausruhen, Jagd ist Erwarten, Jagd ist Dankbarsein, Jagd ist Advent, Jagd ist Vorabend, Jagd ist Bereitung und Hoffnung.« Aber mitunter ist Jagd auch Erfüllung und Ernte. Und manchmal kommt der Erfolg auch ganz unverhofft.

Daß in den sonnigen Bergwäldern Südtirols so mancher urige Bock seine einsame Fährte zieht, hatte schon Gagern gewußt, der nach dem Verlust seiner Jagdheimat Mokritz sich mit dem Gedanken trug, noch einmal in südlicheren Gefilden, etwa im Überetsch oder in der Gegend von Meran, an den rebenumrankten, goldsonnenüberfluteten Hängen von Schloß Tirol, Wurzeln zu schlagen, und davon träumte, in den einsamen Bergtälern Südtirols auf den roten Bock – sein Lieblingswild – zu jagen.

Auf Schloß Mokritz im ehemaligen österreichischen Kronland Krain bei Agram im heutigen Kroatien geboren, hatte Gagern als Knabe das Franziskanergymnasium in Bozen besucht und wahrscheinlich bei Ausflügen in die nähere und fernere Umgebung die

Vor den leuchtenden Kerzen des Gelben Enzians verhofft ein starker Bock.

Der Hochsommermorgen dämmert über den Heimatbergen.

Landschaft und das milde Klima unserer Heimat lieben- und schätzengelernt – vielleicht liegt seine späte Südtirolsehnsucht darin begründet.
Überdurchschnittlich stark sind die Bergböcke normalerweise ja nicht – aber alle Schaltjahre einmal zieht doch ein uriger Rehbock seine Fährte. Manchmal hoch oben in den Latschen, oft aber auch nicht allzuweit von den menschlichen Behausungen entfernt, in einem stillen, verwachsenen und von Wiesen gesäumten Graben, an Wald- und Wiesenrändern ist er anzutreffen, wo die Winter gnädiger sind als über der Waldgrenze. Erfolgreich entzieht er sich gerade oft in unmittelbarer Nähe der Dörfer dem Blick des Jägers, drückt sich gekonnt, wenn Wanderer oder Schwammerlsucher unterwegs sind, und führt so ein heimliches Leben. Ungestört und unerkannt stirbt er schließlich eines natürlichen Todes, und würde sein gebleichter Schädelknochen mit dem knorrigen Gehörn eines Tages nicht durch einen zufällig vorbeikommenden Wanderer gefunden – niemand hätte überhaupt gewußt, daß es ihn je gab.
Der alte, reife Rehbock wird mißtrauisch, heimlich und gerissen. Oft ist es nicht leicht, ihn zu Gesicht zu bekommen, und noch viel schwieriger vor die Büchse. Nur im Frühjahr, nach langen, harten Wintern, treibt es auch die heimlichsten Böcke aus den Tiefen der Bergwälder auf Wiesen und Anger, zu groß ist nun das Äsungsbedürfnis, und dort stehen sie zu dieser Zeit auch oft am hellichten Tag und lassen sich beobachten und begutachten. Kaum gibt es ausreichend Äsung in den Waldbergen, zieht sich der alte Bock wieder zurück, und stehen erst einmal die Himbeerstauden und der Farn in den Schlägen und Schneisen fast mannshoch, ist es kaum noch möglich, ihn zu sehen – es sei denn in der Brunft, wenn auch er, verlockt von einem zierlichen Schmalreh oder verführt von einer hochbrunftigen Altgeiß, unbekümmert und unvorsichtig wird.
Der Höhepunkt der Rehbockjagd ist für den Bergjäger die Brunftzeit in den Hundstagen im August, zumal wenn er auch noch die Kunst des Blattens beherrscht. Der »Blatter« ist jenes mehr oder weniger kunstvolle und in vielen Variationen hergestellte Instrument, mit dem der Fieplaut der brunftigen Geiß nachgeahmt und der Bock in die Irre geführt oder besser gesagt dem Jäger vor die Büchse genarrt wird. Erfahrene Rehbockjäger fiepen am erfolgreichsten mit einem Grashalm oder einem Buchen-

In der Blumenwiese

blatt – deshalb auch die Bezeichnung »Blatter« für das künstliche Instrument.
Ende Juni steht der Berg in voller Blüte. Selbst im Wald, auf den kleinsten Lichtungen blühen Arnika und Braunellen, aus dem Fichtendunkel leuchtet blau die Waldrebe, und in der Luft hängt nun schwer das würzige Aroma junger Lärchen- und Latschentriebe. An einem dieser seidigen Vorsommerabende pirschte ich über der Waldgrenze am Rand der Bergwiesen entlang, als ich plötzlich auf das laute Gezeter zweier Zirbelhäher aufmerksam wurde. Der gegenüberliegende Hang war von Bergerlen überwuchert, und dort flatterten die Häher immer wieder über einer bestimmten Stelle umher, und ihr ganzes Verhalten ließ auf einen Fuchs schließen. Ich setzte mich hin und suchte mit dem Glas sorgfältig den Hang ab. Zunächst sah ich nichts, dann plötzlich eine rote Bewegung in den Bergerlen. Das mußte der Fuchs sein, aber beim näheren Hinschauen war es doch kein Fuchs, sondern dort hatte sich ein Reh niedergetan und schlug mit den Lauschern immer wieder nach den Fliegen und Gelsen, die ihm wohl stark zusetzten.
Plötzlich stand das Tier ruckartig auf, und nun sah ich, daß es ein starker Bock war, mit hohen und weit ausgelegten Stangen und langen, hell blitzenden Enden. Nur kurz und hastig hatte ich Gelegenheit, das Gehörn im Spektiv noch genauer zu studieren, und das, was ich sah, erfüllte mich mit einer wilden Freude und großer Zufriedenheit: Die Stangen waren bis zu den Enden hinauf dicht und dunkel geperlt, und an ihrer Rückseite, wo die Perlung des Rehgehörns ja immer am ausgeprägtesten ist, hatten sich deutlich sichtbare Zapfen und bernsteinfarbene Tropfen gebildet. Das war ein Bergbock ganz nach meinem Herzen. Noch einmal wollte ich das Reh mit ruhig aufgelegtem Spektiv genauer anschauen, suchte nach einer sicheren Auflage, aber plötzlich war die Vorstellung vorbei, Bergerlen und Himbeerstauden hatten den Bock verschluckt, und mir blieb vorerst nichts als die Hoffnung, ihn zur Schußzeit im August wiederzufinden.
Doch es ist eine alte Erfahrung: In der Brunft sind die Böcke meistens aus ihren Einständen verschwunden, sie sind jedenfalls nicht da, wo sie sein sollten. So war es dann auch Anfang August bei Beginn der Jagdzeit: In dem dunklen, bergerlenüberwucherten Graben, wo ich den starken Bock im

Juni gesehen hatte, standen nun zwar zwei Geißen mit ihren Kitzen herum, aber der Bock war nicht bei ihnen, nur ein jüngerer Gabler trieb sich dort recht auffällig herum und versuchte immer wieder die beiden Damen in ein Brunftgeschehen zu verwickeln, was diese aber nicht besonders beeindruckte.

Es gibt Plätze im Bergrevier, die »riechen« buchstäblich nach starken Rehböcken. Auch wenn fast jedes Jahr ein reifer Bock dort erlegt wird, im nächsten oder im übernächsten Jahr stellt sich wieder einer ein. Woran das liegt, ist schwer zu sagen. Wahrscheinlich an der guten Äsung und an besonders günstigen klimatischen Bedingungen, weil der Platz vielleicht sonnig und windgeschützt ist. Wo sich das Rehwild häufig aufhält, hinterläßt es deutliche Spuren. Die Fege- und Plätzstellen der Böcke sowie die manchmal bei der Brunft durch das Herumtreiben im Kreis entstehenden sogenannten »Hexenringe« im Gras sind unübersehbar.

Zur Brunftzeit im August hält sich das Rehwild am liebsten über der Waldgrenze, auf den Bergwiesen und in den angrenzenden Latschenfeldern auf. Dort steht jetzt die beste Äsung, und während es im Wald manchmal vor allem um die Mittagsstunden recht schwül und stickig sein kann, zieht an der Waldgrenze stets ein Lüftchen, und selbst in der Mittagssonne ist es noch angenehm und frisch.

Während mehrere Pirschgänge unmittelbar nach Beginn der Schußzeit Anfang August in den großen Graben, wo ich das erste Zusammentreffen mit dem starken Bock gehabt hatte, erfolglos blieben, suchte ich an den folgenden Tagen immer wieder die angrenzenden Bergwiesen, Hänge und Almen über dem Wald ab. Irgendwo mußte der Bock ja stecken und einmal auftauchen. Und eines Abends sah ich ihn dann tatsächlich. Er trieb überm Holz auf einer recht steilen Bergwiese eine Geiß und verschwand immer wieder mit ihr in einem großen Latschenfeld. Den Bock da oben auf der weitgehend freien Almwiese anzupirschen, war fast unmöglich. So ließ ich den Abend verstreichen, und als ich mich am Morgen nach langem Anmarsch vom Tal im ersten Licht dicht unter der Bergwiese einfand, waren die beiden Rehe nicht mehr da, sie mußten sich überstellt haben.

Etwas weiter östlich liegt dicht an der Waldgrenze ein fast ebener Platz. Hohe Lärchen stehen um die kleine Ebene, unter verwitterten Schirmfichten duckt sich ein alter, windschiefer Heustadel. Früher muß hier einmal ein gutes Bergmahd gewesen sein. Heute ist die Bergwiese aber von Bürstling und Alpenrosengebüsch überwuchert, nur gegen die Mitte hin haben sich einige durchgehende grasige Inseln gehalten, und dort leuchten inmitten der Alpenrosenbeete Arnika und Braunellen, Steinnelken und Bergastern. Am Rand der kleinen Wiese, im Windschatten buschiger Schirmfichten, blühen Frauenschuh, Türkenbund und Teufelskrallen. Es ist ein kleines, stilles Sommerparadies hier, das zum Glück nur wenige Menschen kennen. Weiter oben liegen riesige Steinhalden, drüber schließen sich undurchdringliche Latschenfelder an. Von außen ist die Lichtung wegen der hohen Randlärchen kaum einzusehen, und doch sah ich an diesem Morgen von weit her, fast nur schemenhaft zwischen die Bäume hindurch, für einen Moment, daß dort zwei Rehe trieben. Deutlich war der rote Bock vor dem Hintergrund der dunklen Latschen zu sehen, und es fiel auch auf die große Entfernung ins Auge: Es war tatsächlich ein starker Bock mit grauem Haupt und schwerer Krone.

Ich mußte erst ein paar Gräben durchsteigen und ein Stück Wald durchqueren, um an den von allen Seiten kaum einsehbaren Platz heranzukommen. Und als ich dann endlich den Kopf über die Latschen am Rand der Bergwiese schieben konnte, waren die beiden Rehe verschwunden, die Bühne vor mir war leer. Nun hieß es ganz einfach warten, denn früher oder später würde das Brunftspiel wieder beginnen. So wartete ich ein, zwei Stunden, sah dem kühnen Flug der Alpensegler über mir in der Luft zu, hörte oben in der Steinhalde Steinhühner locken und fernab Kolkraben rufen. Einmal glaubte ich, tief im Wald die Geiß fiepen zu hören, aber es waren nur die Zirbelhäher gewesen, die andere Tierlaute täuschend nachahmen können und sich manchmal mit diesem Spiel die Zeit vertreiben. Die beiden Rehe ließen sich aber nicht mehr blicken. So wurde es später Vormittag, und der Sommertag wuchs heiß und schwül aus der Tiefe des Tales über die Bergwälder herauf. Der Bock, »mein« Bock, kam aber nicht mehr.

Es mußte also etwas geschehen. Schon dieser Gedanke war ein Fehler, denn bei der Rehbockjagd ist Hast fehl am Platz, und Nervosität und Ungeduld sind meistens die Grundlage des Mißerfolges. Nach alter Jägerweisheit sind zwar schon viele Böcke ersessen, aber nur ganz wenige »erlaufen« worden. Ich prüfte den Wind, griff nach dem Blatter in meiner Hemdtasche, setzte ihn an die Lippen, und schon war der sehnsüchtigste Geißruf draußen, den man sich vorstellen kann.

Ein-, zweimal, immer wieder versuchte ich es mit dem Rehruf. Doch die Bergwiese vor mir blieb leer, auch im Wald unter mir blieb alles ruhig. Ich wartete und wartete, nichts wollte sich aber regen. Dann

Im Bergrevier

setzte ich die schon bereitgehaltene Büchse langsam wieder ab, stand auf, und in diesem Moment knackte im Wald unter mir ein Ast, dann war ein böses, abgrundtiefes Schrecken zu vernehmen, das sich langsam in der Waldtiefe verlor und entfernte. Der Bock hatte sich mir von hinten im Wald genähert, hatte mich in den Wind bekommen und war wohl richtig vergrämt abgesprungen.
Und auch in den nächsten Tagen blieb die Bühne leer. Sooft ich mich auch mit bestem Wind ansetzte, der Bock blieb verschwunden, er hatte mir den recht dilettantischen Versuch seiner Irreführung wohl gründlich übelgenommen. Oder es war ganz einfach so, daß die Geiß, die hier auf der kleinen Waldlichtung ihren Einstand hatte und nun wieder brav jeden Morgen und Abend mit ihren beiden schon recht starken Kitzen austrat, längst abgebrunftet und damit für ihn uninteressant geworden war. Der Bock schien jedenfalls wie von den Waldbergen verschluckt und blieb verborgen, wahrscheinlich zog er nun wieder auf ganz anderen heimlichen Wechseln seine Fährte und jagte dort, weiß Gott, welcher zierlichen Schmalgeiß nach.
Nach gut zweiwöchigem vergeblichen Pirschen und Ansitzen hatte ich dann diesen Bock schon aufgegeben, und ich hegte nun, da der Höhepunkt der Brunft schon längst überschritten war, nur mehr die vage Hoffnung, ihm vielleicht noch einmal im Herbst zu begegnen, wenn er, von den Strapazen der Brunft erholt, hinauf in die Bergwiesen, immer weiter zur Höhe emporziehen würde, den letzten frischen Gräsern und Kräutern nach. Einmal, ein einziges Mal, wollte ich aber zuvor noch einmal mein Weidmannsglück auf ihn versuchen.
Portiunkula, der erste Sonntag im August, rund um den die Rehbrunft im Gebirge meist ihren Höhepunkt erreicht, war längst vorbei, und auch Mariä Himmelfahrt war schon verstrichen. Spätsommer war es nun, als ich an jenem, nach längerer Regenzeit nun wieder recht trockenen Abend erneut auf den Bock pirschte. Ich mußte wieder den langen und steilen Weg vom Tal auf die Alm hinaufsteigen, dann, nachdem ich die Höhe der Waldgrenze erreicht hatte, auf dem schmalen, vom Almvieh ausgetretenen Steig über dem Wald die Bergwiesen entlang hinauswandern. Als ich dann endlich bei meinem Ansitzplatz am Rand der kleinen Bergwaldlichtung ankam, war es schon ziemlich spät. Es war

Anfang August erreicht die Rehbrunft im Gebirge ihren Höhepunkt.

windstill an diesem Abend, rot standen Berge und Gletscher um das Tal, kein Windhauch regte sich, nur im Berberitzendickicht erklang einmal silberhell die Stimme eines Rotkehlchens, um sofort wieder zu verstummen. Ich richtete mich im Wurzelgeäst einer alten Schirmfichte ein, schob die Büchse auf den Rucksack und lauschte in die aufkommende Dämmerung hinein. Wieder sang das Rotkehlchen, silberhell perlte seine Strophe, unter mir im Wald gellte ein paarmal kurz der Schwarzspecht, ein Zaunkönig tuckerte aufgeregt über mir im Geäst des alten Baumes, umschwirrte mich drohend und schimpfend, dann war alles wieder still bis auf das ferne im Windhauch immer wieder an- und abschwellende Rauschen der Gebirgsbäche. Ich saß noch gar nicht lange, da war plötzlich noch ein anderes Geräusch zu hören, fast als würden unweit von mir dünne Äste gebrochen, der Boden gestampft. Das ist der Bock, ging es mir blitzartig durch den Kopf, das kann gar nichts anderes sein, da fegt ein Bock. Und in diesem Augenblick leuchtete es am anderen Ende der Wiese unter den weit ausladenden Ästen der Fichten auch schon dunkelrot auf. Da stand der starke Rehbock am Waldrand, seelenruhig, als hätte er nie etwas anderes getan, und als hätte es hier nie einen Jäger und eine unliebsame Störung gegeben, trat er nun aus dem schon düsteren Abendschatten der Altbäume heraus, stand frei zwischen zwei großen Steinen und schien einen Moment zu zögern, in welche Richtung er weiterziehen sollte. Nun war er also zurück, von seinem Liebesreigen in ganz anderen, fremden Revieren, er hatte sich vergnügt und vermehrt und sich dann doch wieder zurückgesehnt nach seiner schönen Bergwiese, seinem gewohnten Lebensraum, und nun war er da, vielleicht schon ein paar Tage, vielleicht aber auch erst einige Viertelstunden, und hielt Ausschau nach der Altgeiß und ihren beiden Kitzen, die ihm ja seit so vielen Jahren vertraut war und sicher auf ihn wartete. So muß es, kann es wohl gewesen sein, aber für allzu viele Gedanken und Phantasien war nun wirklich keine Zeit mehr. Bei der Jagd gilt es, die seltenen Chancen zu nützen. Wer zögert – die Erfahrung lehrt es – verliert, denn die wirklichen Chancen gibt es meistens nur einmal, und meistens kommen sie nie wieder. Der Schuß mit meiner verläßlichen, alten Ferlacher Bockbüchse etwas mehr als hundert Meter über die Bergwiese hin war dann keine große

Manchmal zieht in den sonnigen Bergwäldern ein wirklich starker Bock seine einsame Fährte.

Kunst, er rollte ziemlich trocken über die ganze Bergseite, und drüben schlegelte der Bock im Almrosengebüsch.
Jetzt stand schon der Abend über den Bergen, die Gipfel und Gletscher leuchteten rot wie von innen heraus, der Himmel verstrahlte letztes Licht. Ich trat aus dem Halbdunkel des Bergwalds auf die Lichtung hinaus, die Augen mußten sich erst an die matte Helligkeit gewöhnen, und eine Wolke aus Arnika, Braunellen und taunassem Bergheu legte sich schwer auf die Lunge, als ich nun zum Anschuß hinüberging, und fuchsrot schimmerte mir die Decke meines Bockes entgegen. Da lag er nun, noch im Tod voller Grazie und Eleganz, wie von einer Zauberfaust hingestreckt und in seiner Schönheit so vollkommen wie ein Wesen aus einer anderen Welt. Sein graues Haupt schimmerte aus dem längst verblühten Alpenrosenstrauch, kühn blitzten die langen weißen Enden seiner Krone, schwer wuchteten die breiten Rosen auf dem Schädel, und im Dämmerlicht konnten die Hände die Masse der geperlten Stangen nur mehr erahnen.
Ich brach den Bock auf, und in der bläulich einfallenden Dämmerung saß ich noch lange oben am Berg, hing meinen Gedanken nach und lauschte in die Nacht hinein, die nun voller geheimnisvoller Stimmen und Geräusche war, sah die Sterne am Himmel aufflammen und wandern und ihr Licht stärker und intensiver werden, und ich wurde nachdenklich und verträumt, und in die große Freude mischte sich Wehmut, denn ich ahnte plötzlich, mit ihm, dem Bergbock, diesem roten Sommertraum, war auch ein weiterer Sommer meines Lebens dahin und niemand wußte, wie viele oder wie wenige es noch werden und was der nächste wohl bringen würde.

Weit schweift der Blick über Täler und Höhen.

Auf steilen Graten und Zinnen

Es ist im Hochsommer eine Freude, am Berg zu leben. Lange, lange dauert es, bis es endlich Sommer wird, ist seine Zeit aber einmal da, dann kommt er mit ungestümer Kraft und mit aller Wucht, mit glühendheißen Tagen und linden Nächten, mit blau flackernden Gewitterabenden und rotgoldenen Sonnenaufgängen. Ist im Winter viel Schnee gefallen, dann sprudeln im Sommer alle Quellen, donnernd und schäumend stürzen die Wasserfälle und Bergbäche von den Höhen zu Tal, es grünt und blüht auf allen Wiesen und Hängen, und auch in den ansonsten noch so düsteren und schattigen Nordwänden leuchten Edelweiß und Steinnelken. Herrlich ist es nun, auf den erblühten Almen zu wandeln, die Luft mit dem würzigen Aroma der Alpenblumen und des trocknenden Bergheues tief einzuatmen und sich ganz im weiten Blick über Gipfel und Gletscher hinweg ins seidige Blau des Sommers hinein zu verlieren.

Ende August ist der Höhepunkt der Jagd auf den roten Bock schon überschritten. Nun richtet sich das Interesse des Jägers ganz auf den Sommergams. Während sich die Gamsböcke einzeln oder in kleinen Männergesellschaften am liebsten in den felsigen Waldschluchten oder in den von Lichtungen durchsetzten Latschenfeldern aufhalten und sich ihren Feist für den Winter anäsen, stehen die großen Rudel mit den führenden Geißen und Kitzgesellschaften meistens etwas höher auf den grasigen Hängen und Lahnern über den Almen, in den windgeschützten Karen und Tobeln und wechseln dort je nach Witterung von Äsungsplatz zu Äsungsplatz. Meistens etwas abseits davon halten sich die alten, nicht mehr führenden Gamsgeißen, die Galtgeißen, auf, die dem Bergjäger mindestens genausoviel, ja wenn nicht mehr bedeuten wie ein starker Bock. Oft ziehen sie, zusammen mit anderen gleichaltrigen Schicksalsgenossinnen umher, bilden mit einzelnen

Der Wasserfall versprüht Frische und Kühle.

Die Alpenbraunelle mit einem Schnabel voller Insekten für die Jungen im Nest

Jahrlingen, die von ihren Müttern wegen des neuen Nachwuchses verstoßen wurden und nun einen Ersatz suchen, ein kleines Scharl, begleiten auch die großen Rudel bei ihren wetter- und äsungsbedingten Wechseln und Gängen, da es am Berg schwer und gefährlich ist, allein zu leben, bleiben aber jeweils nur am Rande der großen Gesellschaften, ohne sich noch einmal richtig zu integrieren. An den oftmals noch recht schwülen Spätsommertagen halten sich die alten Galtgeißen am liebsten oben auf den luftigen Graten und Zinnen auf, mit Blick weit über die Tiefen und Täler hinweg und fast schon über den Wolken, wenn in der Früh die Nebel aus den Niederungen bergwärts steigen. Dort, wo ansonsten nur mehr die Steinböcke herumklettern, leben nun auch die Gratgams und schauen manchmal von ihren Felskanzeln aus aufmerksam dem Segelflug des Steinadlers zu, lauschen dem Sirren und Schwirren der Alpensegler und Bergschwalben und dem Locken der Schneefinken und verfolgen den schmetterlingshaften Gauklerflug des Alpenmauerläufers, des Paradiesvogels und Kolibris der Berge, der irgendwo in einer Felsspalte seine Brut großzieht. Und nur manchmal stört der laute Hörnerknall der spielerisch zusammenstoßenden Steinböcke, ein ferner Steinschlag oder das blecherne Krachen der vom Gletscher absplitternden Eiskaskaden die Stille.

Beim Abstieg vom Roten Beil hatte ich im »Bergl« eine kapitale Gamsgeiß entdeckt. Das »Bergl« ist ein tiefeingeschnittenes Quertal, das sich schattenseitig über meinem Heimattal öffnet und weit in die Pfunderer Berge bis unters Rote Beil hineinreicht. Linker Hand werden die Bergmähder von recht steil ansteigenden Felswänden begrenzt, die aber von latschen- und bergerlenverwachsenen Gräben und Rinnen durchbrochen werden, so daß man ohne Gefahr auf eine darüberliegende Hochfläche hinaufsteigen kann. Diese weite Fläche, im Volksmund »die Flache« genannt, ist von einzelnen Latschen, von verkrüppelten Lärchen und buschigen Zirbeln durchsetzt, die hier an ihrer Vegetationsgrenze ein kümmerliches Dasein fristen. Sie zieht sich zunächst recht breit und sanft ansteigend, dann immer steiler und abschüssiger werdend, zur Höhe empor und wächst weiter oben zunächst zu einem schmalen Grat und im weiteren Verlauf zu einer kaum schuhbreiten Schneide zusammen, die sich, zunächst die Höhe der Plätzen-Spitze erklimmend, südostwärts

Ein alter Sommergams in der Felswand

Überall Blüten und leuchtende Farben

bis zum Roten Beil hineinzieht und das »Bergl« vom »Unterberg« trennt. Links und rechts fallen die mit grasigen Flächen durchsetzten Felswände kirchturmdachsteil in die Tiefe. Ein ideales Gebiet für Gams und Steinwild, das über den Kamm gerne von einem Tal ins andere wechselt.

Die alte Geiß äste auf der großen ebenen Fläche drüben und tat sich schließlich auf einem erhöhten Buckel nieder, und als ich sie nun im Spektiv genauer beobachtete, stand ihre hohe, weit ausgelegte Krucke mit den geschwungenen Schläuchen deutlich und scharf vor dem hellen Himmel. Auch wenn der Blick von unten steil nach oben meistens täuscht und und vor allem die Gamskrucke vor einem hellen Hintergrund in der Regel weit höher erscheinen läßt, als sie in Wirklichkeit dann ist, so war mir in diesem Fall doch sofort klar, daß ich da eine besonders starke und wahrscheinlich auch alte Gamsgeiß vor mir hatte. Und eine Galtgeiß mußte es wohl sein, denn weit und breit war kein Kitz zu sehen, das Stück war schwer im Wildbret, recht grau in der Haarfarbe und zeigte unter den Lichtern einen deutlich sichtbaren, hellen Fleck – ein Merkmal, das beim Gamswild fast immer auf ein sehr fortgeschrittenes Alter schließen läßt. Doch nun war es Frühsommer, die Schußzeit auf Gams war noch recht fern, und in den folgenden Tagen und Wochen vergaß ich die alte Geiß ganz einfach.

Im September war ich dann wieder im »Bergl« unterwegs. Ein alter Gamsjäger war mit mir, und wir hatten es eigentlich auf einen Gamsbock abgesehen, der drüben in den Stauden unter den Felswänden stehen mußte. Am späten Nachmittag sahen wir oben auf der »Flache« plötzlich einen recht starken Gams. Und dieser Gams war nicht fuchsig, wie die meisten Sommergams um diese Zeit, sondern seine Decke zeigte in der Abendsonne ein recht hell schimmerndes Grau. Im Glas erkannte ich die alte Geiß sofort. Sie äste langsam den Hang hinauf, und da sie dicht unter der Bergkante stand, sah ich jedesmal, wenn sie aufwarf, gegen den Himmel hin, ihre hohe, weit ausgelegte Krucke. Und schon hatte mich das Jagdfieber gepackt.

Wir brachen unsere Bockpirsch ab, durchquerten den Bergl-Grund und stiegen auf der anderen Talseite den steilen, teils von Felswänden durchsetzten Hang zur »Flache« hinauf. Oben an der Kante mußten wir die Geiß eigentlich sofort sehen, auch wenn es für einen Schuß da hinauf dann doch recht weit sein würde. Es war eine recht mühselige Steigerei im steilen Hang, teils mußen wir unter dichten Bergerlen und Latschen durchkriechen, und als wir dann endlich oben auf der Höhe standen und die ganze freie Fläche überblicken konnten, war die Geiß verschwunden. Zu allem Überfluß zog jetzt auch noch der Wind zügig bergauf, und das bedeutete eigentlich nichts Gutes. Wir warteten einige Zeit an der Kante oben, aber die Geiß blieb zunächst verschwunden. Wahrscheinlich hatte sie uns schon in den Wind bekommen und war über den Grat hinübergezogen. Wir wollten schon aufgeben und zurückgehen, da glaubte ich, etwa in der Mitte der großen, freien Fläche eine graue Bewegung zu sehen. Da drüben war eine kleine Mulde im dichten Alpenrosengebüsch, und tatsächlich taucht da – viel näher, als wir zu hoffen gewagt hatten, und in Wirklichkeit viel zu nahe, um unentdeckt zu bleiben – die Gamsgeiß auf, und sofort bekam sie uns in den Wind, mit einer wilden Flucht bergauf schaffte sie sich Distanz, pfiff ein paar Mal wütend zurück und lief, ohne noch ein einziges Haberl zu machen, über den Lahner hinauf. Schon war sie fast außer Schußweite, da blieb sie oben am Grat noch einmal stehen, äugte böse auf uns herab. Und es kam eigentlich so, wie es kommen mußte: Ich war noch völlig überrascht vom plötzlichen und viel zu nahen Auftauchen der Geiß und vom anstrengenden Steilaufstieg außer Atem – und der eilig hingeworfene Schuß, in der bangen Erwartung, daß die Geiß ja keine Sekunde mehr verharren und sofort abspringen würde, ging fehl. Die Geiß verabschiedete sich mit einem höhnischen und giftigen Pfeifen, flüchtete über den Grat weiter hinauf, lief oben über die schmale Schneide zurück und verschwand unter der Plätzen-Spitze.

»Gamsjagern« – es gibt wohl kein anderes Wort, das den Bergjäger mehr fasziniert und ihm oft Herzklopfen und schlaflose Nächte bereitet. »Gamsjagern« ist kein »Abschuß-Tätigen« – nein, Gamsjagern ist eine Lebensphilosophie. »Die Gamsjagd ist die Königin der Jagd: Sie fordert Mut, Charakterreife und Standhalten. Nichts erhebt den Jäger mehr und befreit seinen Geist als der Gang ins Gebirge. Der Glanz jenseitiger Ferne, der über dem wolkennahen Gebirge liegt, umschimmert auch die Gamsjagd«, beschreibt der Schweizer Schriftsteller Eugen Wyler das Wesen dieser faszinierenden Bergjagd. Das Gamsjagern – so wie wir Südtiroler Bergjäger es verstehen und praktizieren – beginnt schon am Vorabend mit der richtigen Einstimmung auf den Pirschgang. Da wird, bei einem Glas Wein, oft lange mit dem Pirschführer zusammengesessen und über das »Wie« und das »Wohin« des bevorstehenden Jagdtages beraten. Und dann müssen gründliche Vorbereitungen getroffen, je nach Jahreszeit und Witterung Kleidung und Schuhzeug, kleine Steig-

Im Bergsee spiegeln sich Gletscher und Gams.

In der Gamsgrube

eisen – die sogenannten »Krötln« – oder die großen mit den scharfen Zacken, Bergstock oder Gehpickel hergerichtet werden. Der große Rucksack muß gepackt, alles an seinem Platz verstaut werden. Es ist kaum zu glauben, was man alles so mitnehmen muß ins Gebirge. Einmal abgesehen von der Büchse und dem Spektiv zusätzlich zum normalen Jagdglas, braucht man oft einen Entfernungsmesser, natürlich ein Jagdmesser, eventuell auch ein Seil, um sich an besonders gefährlichen Stellen sichern zu können. Einen Lodenmantel zum Draufsitzen oder eine zweite Windjacke zum Überziehen will man an sehr kalten Tagen bestimmt nicht missen, ebensowenig wie zusätzlich zum Hut eine Wollmütze und Handschuhe, denn oben am Berg kann das Wetter ganz plötzlich umschlagen und der Wind bissig kalt werden. Eine kleine Notapotheke kann manchmal hilfreich sein und natürlich Proviant, im Winter ein heißes Getränk in der Thermosflasche, ein paar Seiten starkes, mit Spagat zusammengerolltes Papier für einen besonders guten Gamsbart ... und ... und ... bestimmt habe ich noch etwas vergessen. Aber es gibt auch Gamsjäger, die außer einer scharfen Büchse und einem guten Glas sowie ihrem Bergstecken und einer ordentlichen Marende fast gar nichts brauchen. Und das Gamsjagern begann für mich immer mit dem stimmungsvollen, nächtlichen Aufstieg vom Heimathaus direkt ins Gebirge. Während man in der Dunkelheit, im matten Sternenlicht, im silbernen Schein des Vollmonds oder auch unter sturmgepeitschten Altbäumen seinen Steig sucht, gehen einem tausend Gedanken durch den Kopf. Wie wird das Wetter sein da oben, wird der Sturm nachlassen oder gar noch schlimmer werden, wird der gute Bock noch da sein, wo wird die alte Geiß heute stehen? Ist man nach stundenlangem, nächtlichem Aufstieg verschwitzt und müde im Morgengrauen erst einmal oben am Grat, muß man die Gams zunächst finden. Dann muß das gesuchte Stück erst einmal richtig angesprochen, was gerade beim Gamswild einige Erfahrung voraussetzt, und schließlich – oft über große Entfernungen hinweg – und nicht selten unter widrigen Umständen sauber getroffen werden. Und auch wenn der Gams im Feuer liegt, hat man ihn immer noch nicht. Nun muß das erlegte Stück erst geborgen werden, was im schwierigen, steilen, im Winter oft vereisten oder tief verschneiten und deshalb lawinengefährlichen Gelände alles andere

In vollem Sprung …

… hinab aus der Wand

Über den Wolken: Spätsommer und Herbst überschneiden sich.

als einfach ist. Und steht man dann endlich vor dem erlegten Gams, so muß er immer noch zu Tal getragen werden, außer es liegt genügend Schnee und man kann das erlegte Stück ziehen. Bei der Gamsjagd sind also gar einige Anstrengungen und Mühen vor den Erfolg gestellt. Vielleicht macht aber gerade das einen guten Teil der Faszination aus, die von dieser Jagd ausgeht.

Gamsjagern, so wie ich es verstehe, ist nichts für schnelle, eilige und bequeme Schießer. Dabei muß der Berg erlebt und oft auch erlitten, das Wild tatsächlich noch erobert werden, und es herrscht – bedingt durch das schwierige Gelände und die oft widrige Witterung und trotz moderner und weitreichender Präzisionsgewehre – noch eine gewisse Chancengleichheit. Im steilen Gelände ist der Mensch dem Gams hoffnungslos unterlegen, und das weite Gebirge bietet dem gejagten Tier unendliche Rückzugsmöglichkeiten. Vielleicht gibt es gerade deshalb kaum eine andere Jagd, die soviel Leidenschaft, ja manchmal sogar Besessenheit auslöst wie die Gamsjagd. Es gibt Jäger, die ihr buchstäblich verfallen sind und manchmal auch nicht davor zurückschrecken, ihr Leben zu riskieren, Geschichten darüber gibt es im Alpenraum zur Genüge. Und es ist wohl noch lange nicht der letzte Gamsjäger als Opfer seiner Leidenschaft tot vom Berg getragen worden.

Aber zurück zur alten »Bergl«-Geiß. Sie hatte sich also über den Grat und die Plätzen-Spitze tief zurück in jene wilde Bergwelt verzogen, die dort oben überhaupt nur aus silbern glänzenden Gneis- und Granitzinnen, steil abfallenden Felswänden und tiefen, verborgenen und verschwiegenen Karen besteht. Irgendwann in einer gewitterdurchflackerten Spätsommernacht reifte in geselliger Jägerrunde ein Plan heran: Wenn man tief ins »Bergl« hineinging, bis dicht unters Rote Beil, dann konnte die alte Geiß früher oder später drüben in einem der von Steinbrocken übersäten Kare oder vielleicht auch oben am Grat auftauchen. Wo – wenn nicht dort oben, vielleicht auch an den Hängen unterm Roten Beil, wo die beste Äsung steht und die Abendsonne am längsten wärmt und kaum einmal ein Mensch seinen Fuß hinsetzt – sollte sie sich wohl aufhalten?

Am nächsten Morgen waren wir schon zu früher Stunde oben im »Bergl«. Das nächtliche Gewitter hatte sich verzogen, alles war naß, roch frisch und

Abendstimmung auf den Schneefeldern unterm Roten Beil

Schwieriges Gamsholen in der Felsenschlucht

fühlte sich kalt an, und oben auf den höchsten Spitzen war schon Schnee gefallen. Aber beim Gehen bekam man warm, und weit zieht sich das Tal in die Berge hinein, der Weg führt über die alten Bergmähder, an verfallenden Gaden vorbei, den Bach entlang blühen Dotterblumen, links und rechts davon sind die Hänge mit Arnika, Braunellen und Bergastern übersät und ganz hinten im Tal liegt der blauviolette Schimmer der Speikblüte über den einsamen Böden, und ihr Duft hängt wie das Aroma eines Mandelweins schwer und aufreizend in der Luft, und dort, wo der Altschnee erst jetzt geapert ist, wiegt die zarteste Frühlingsblume der Berge, die Soldanelle, schüchtern ihr Köpfchen im Wind.

Direkt am Fuße des Roten Beils richteten wir uns ein. Nun kam die Sonne über die Bergkante, langsam füllte sich das noch recht düstere Tal unter uns mit Licht, und die Gletscher drüben auf der anderen Seite begannen zu funkeln und zu leuchten. Aber weit und breit war kein Gams zu sehen. Das Kar vor uns war leer, auch am gegenüberliegenden Hang und oben am Grat blieb zunächst alles ruhig. Hatten wir uns doch getäuscht? Stand die alte Geiß vielleicht im Unterberg drüben, und wir saßen hier auf völlig verlorenem Posten?

Zunächst einmal hieß es abwarten, der Tag hatte ja erst begonnen, und viel konnte passieren. Einmal kam der Steinadler übers Kar, und drüben in der großen Steinhalde begannen die Murmeltiere zu pfeifen und warnen. Dohlen segelten die Felswände entlang, und unterm Gletscher lockten Schneehühner. Der Turmfalke rüttelte über dem Kar, und es kamen seine Vettern, die Wanderfalken in pfeilschnellem Flug um die Bergkante gezischt und verschwanden wieder, der Steinschmätzer tuckerte und wippte, und Schneefinken schwirrten, uns mit ihrem weißen Flügelaufschlag grüßend, über die Talenge. Nie ist der Berg tot, immer regt sich irgendwo geheimnisvolles Leben. Und auch wenn es manchmal für Augenblicke ganz still ist, plötzlich erhebt drüben in der Steinhalde die Alpenbraunelle ihre sanfte Stimme, ihr antwortet der Rotschwanz, der hier in der Steinwildnis ein kleines Refugium gefunden hat, von irgendwoher glongeln Kolkraben, dann hängt wieder der schrille Pfiff eines Murmeltiers in der Luft. Und dann war da plötzlich noch ein ganz anderes Geräusch, so als würde Horn auf Stein schlagen. Und schon wuchsen vor uns große, graue Tierkörper aus dem düsteren Schiefergestein am Fuße des Roten Beils heraus, ein, zwei, drei Steinböcke schoben sich aus einer Steinhalde, zogen über die Mulde, querten ein Schneefeld, stiegen auf der anderen Seite des Kares den Hang hinauf, kletterten in die Felswand und begannen just dort, wo sie am steilsten ist und die breiten Schalen auf dem schmalen Band kaum Halt finden, ein spielerisches Geplänkel, so daß der Schlag ihrer kraftvoll aufeinanderprallenden Hörner weit übers Kar hin hallte. Dann hatten die drei Steinböcke auch schon den Grat erklommen, für einen Moment standen sie da oben vor dem hellen Hintergrund des Himmels, groß, mächtig und majestätisch, wie aus Stein gemeißelt und scheinbar schwer unter der Last ihrer Riesenhörner tragend, so als wären sie wie Fabeltiere direkt dem dunklen Schlund des Gliederganges entstiegen, und dann ein Sprung voller Kraft und Energie, und weg waren sie, hinüber in den Unterberg und von dort, wer weiß wohin.

Nun war der Grat wieder leer, und die Hoffnung, die alte Gamsgeiß wiederzufinden, schwand langsam dahin. Aber ganz plötzlich änderte sich die Situation. Drüben am Grat, genau da, wo die Steinböcke vorhin verschwunden waren, stand plötzlich ein Gams, dann ein zweiter, noch einer, vier Stück insgesamt. Sie mußten wohl hinterm Grat gestanden und von den Steinböcken in Bewegung gesetzt worden sein. Im Glas erkannte ich Geiß und Kitz, einen starken Jahrling, einen jüngeren Bock, aber da rechts war plötzlich noch ein fünftes Stück, groß, grau und mit hoher, weiter Krucke – die alte Geiß. Sie drehte sich oben am Grat ein paar Mal hin und her, suchte einen Liegeplatz, tat sich dann nieder, leckte sich die Flanken und begann einschläfernd wiederzukäuen. Die anderen Gams waren zunächst noch unschlüssig und legten sich dann ebenfalls am Grat nieder.

Es war jetzt früher Vormittag, und wenn die Gams da oben am Grat blieben, waren sie für uns unerreichbar, und es blieb nichts anderes übrig, als zu warten. Es blieb die Hoffnung, daß sie früher oder später auf unserer Seite ins Kar herabwechseln würden. Dann würde die Geiß – wenn auch mit einem recht weiten Schuß – erreichbar sein. Stiegen sie aber auf der anderen Seite, von der sie heraufgekommen waren, wieder zurück, dann war die Jagd für uns vorbei. So hieß es also warten und hoffen.

Die Zeit verging, es wurde später Vormittag, im Tal läutete schließlich die Mittagsglocke, der Nachmittag verstrich, und plötzlich sprang die Kitzgeiß mit einem Sprung auf, sicherte ins Kar hinab und schon war sie, gefolgt vom Kitz und dem Jahrling, auf der Hinterseite des Grates verschwunden. Das war kein gutes Zeichen. Auch der Bock erhob sich und folgte der Geiß. Jetzt blieb die alte Galtgeiß oben am Grat allein zurück, sie sicherte aufmerksam ins Tal hinab, und dort unten im Bergl hörte man plötzlich Schellen, da zog eine Ziegenherde über den Talgrund, ge-

Auf einem sonnigen Platz an der Baumgrenze hat der junge Hirsch seinen Sommereinstand gefunden.

folgt von einem immer wieder laut rufenden Hirten. Aber die Galtgeiß ließ sich bei ihrem Wiederkäuen nicht stören. Die Ziegen verschwanden im Bergwald, es war wieder alles ruhig, und der Nachmittag verstrich, und die alte Geiß lag immer noch oben am Grat und wollte sich nicht rühren. Dann wurden die Schatten im Kar schon länger, ein kühler Wind kam auf. Plötzlich stand die Geiß ruckartig auf, stand oben groß und breit am Horizont, aber doch viel zu weit entfernt für einen sicheren Schuß. Ein paar Augenblicke zögerte sie, schaute unschlüssig über den Grat zurück, so als wollte sie den anderen Gams folgen, dann stieg sie langsam auf unserer Seite ins Kar herab, ohne noch ein Haberl zu machen, querte drüben die Mulde unterm Roten Beil, wo sich letzte Harstschneefelder gehalten hatten, blieb vor einem großen Stein kurz stehen, und in diesem Augenblick hallte mein Schuß übers Kar hin, und drüben sank die Geiß im Schnee zusammen. Während sich mein Begleiter vorzeitig auf den Heimweg zurück ins Tal machte, ging ich nun alleine hinüber zu meiner Gamsgeiß, prüfte lange die hohe und weit ausgelegte Krucke, zählte immer wieder die Jahresringe. Über vierzehn hatte sie angesammelt, wohl lange kein Kitz mehr geführt, und so war der Abschuß richtig und erfüllte mich fast noch mehr als die kapitale Krucke mit großer Freude. Dann brach ich den Gams auf, zog die Geiß an einem kurzen Seil übers Kar hinab. Oben auf den Gipfeln und Graten stand noch rotgolden die Abendsonne, aber unten in der Tiefe des Tales wob schon blauschwarz die Nacht. Und ich stand mit meinem urigen Gratgams hoch oben auf der Bergkante, mitten drinnen in diesem zauberhaften Lichter- und Schattenspiel von Tag und Nacht, und immer wieder schweifte mein Blick zu der hohen und majestätisch ausgelegten Gamskrucke, und sie erschien mir nun wie ein ganz besonderer Schatz, so wie der Bergkristall, direkt aus dem Schoße der Heimatberge gewachsen und nur durch besonderes Glück in meinen Besitz gelangt.

Kolkraben ruderten durch das seidige Licht, das sich im Westen noch über den Bergen hielt, und ihr trauriges Locken verlor sich in der Tiefe der Täler. Es war jetzt Zeit aufzubrechen, denn kaum sind die letzten Sonnenstrahlen oben am Roten Beil dahingeschwunden, schleicht schon die Nacht bergwärts. Bis jetzt war der Rückweg einfach gewesen, aber nun kam ich an einen Steilhang, der von Felswänden

durchsetzt war, und da wollte ich die Geiß hinuntergleiten lassen und sie erst unten in den Rucksack packen, um sie dann das Tal hinauszutragen. Langsam glitt der schwere Wildkörper über das hohe Almgras und Alpenrosengebüsch hinab, überschlug sich ein paar Mal und blieb dann unten liegen. Ich stieg schnell nach, und wie ich dann neben der Geiß stand und noch einmal die auffallend weite Auslage der Trophäe studieren wollte, fuhr es mir siedendheiß durch den Körper. Da fehlte nun ja ein Schlauch an der herrlichen Krucke. Dicht über dem Stirnzapfen, wo die hohen Krucken älterer Stücke immer am schwächsten sind, war der linke Schlauch abgebrochen, ragte nur mehr ein kurzer, häßlicher Stumpf heraus. Ich ging den Weg noch einmal zurück, suchte überall im steilen Gelände herum; da, wo ich den Gams im Steilhang losgelassen und wo er sich dann überschlagen hatte, mußte das Malheur passiert sein. Unbemerkt war die Krucke wohl gegen die Felswand geprallt, der eine Schlauch war abgesplittert und weit hinausgeschossen, und im dichten Alpenrosengebüsch war es nun unmöglich, ihn zu finden.
Schon wurde es dunkel. Eine rabenschwarze Nacht kam übers Gebirge. Nur weit im Osten leuchteten rot und wie von innen heraus noch immer die Gletscher. Dann schwand auch dieses letzte Glühen dahin, und die Sterne flammten auf. Ich packte die Geiß in den Rucksack, und langsam, mich manchmal in der Dunkelheit zögernd vorwärts tastend, wanderte ich das Tal hinaus.
Ich habe später noch einmal alleine und dann noch einmal zu zweit nach dem verlorengegangenen Gamskrickel gesucht. Aber vergeblich. Fast schien es, als wollte mir der Berg die alte Gamsgeiß dann doch nicht so ganz lassen.
Und wenig später kam der erste große Schnee übers Gebirge, und damit war der kleine Schatz für mich für immer verloren.

Nach erfolgreicher Pirsch auf den Sommergams

Einsamer Wächter über dem Tal

Im Tal der Murmeltiere

Dem Bauern Josef hatte ich schon im Frühjahr etwas Murmeltieröl versprochen, und als er mich nun zum zweiten Mal ermahnte und darauf hinwies, daß ein Winter ohne Murmelschmalz in der Stallapotheke ein Risiko für seinen gesamten Viehbestand sei, war es schon später September. Ich hatte also immerhin einen triftigen Grund, auf Murmeltiere zu jagen.

Das Tal der Murmeltiere ist ein einsamer, hoch gelegener Almkessel, auf dessen Boden ein aus Stein gemauerter, alter, inzwischen längst verlassener und dem Verfall preisgegebener Wohnkaser steht. Wahrscheinlich handelt es sich dabei sogar um eine der höchst gelegenen Almen Europas, denn nur wenige hundert Meter höher beginnt schon die Region des ewigen Eises. Aber die Alm ist nach Norden hin gegen die einfallenden Winde geschützt, und an ihren Sonnenhängen ist es daher sowohl im Sommer als auch im Winter wärmer als in tieferen Regionen. Wegen der Hochlage ist sie immer nur eine Nebenalm gewesen, auf die man mit dem Vieh im Spätsommer auswich, wenn unten auf den großen Almen die Weide schon längst erschöpft war. Hier muß ein besonders nahrhaftes und schmackhaftes Almgras gedeihen, denn nirgends hält sich das Bergwild lieber auf. Der Weg da hinauf ist weit und steil und anstrengend. Weil er in den letzten Jahrzehnten kaum mehr gepflegt wurde, verliert er sich immer wieder, wird von Murbrüchen überlagert, im Winter von Lawinen bedroht. Vielleicht ist es deshalb da oben so still und einsam – ganz so wie es das Bergwild braucht und wie es der Bergjäger liebt.

An einem klaren und schon recht kühlen Abend wanderte ich dann ins Gebirge hinauf. Der Weg zieht sich zunächst in ein tief eingeschnittenes Seitental, steigt durch dichte Lärchenwälder in die Höhe, überquert Bäche und Gräben, teilweise auch tiefe Schluchten, in denen die Gebirgswasser toben

Murmel-Sommer

Immer lauert der Steinadler auf die Murmel.

und tosen, verliert sich unweit der Almböden im Alpenrosengebüsch, zieht sich dann in weiten Schleifen über die Almen hinein, um schließlich in steilen Serpentinen zum Tal der Murmeltiere hinaufzuführen. Knapp unter dem Tal steht auf einer kleinen ebenen Fläche ein alter Heustadel, dessen Dach mit Steinplatten abgedeckt ist und in dem ich öfters auf meinen Jagdgängen im Hochgebirge nächtigte. Auch heute wollte ich die Nacht hier verbringen. Auf dem Bergheu, das man noch vor Jahren hier eingebracht, aber dann in einem besonders strengen Winter mit viel Schnee gar nicht mehr zu Tal bringen konnte und später wohl ganz einfach vergessen hatte, breitete ich den Schlafsack aus. Die Sonne war schon untergegangen. Bevor es dunkelte, wollte ich noch hinauf ins Tal und mich nach dem alten Murmelbären umsehen, von dem mir ein Jagdfreund erzählt hatte. Wenn ich einmal wußte, in welchem Bau er saß, konnte ich mir noch am Abend eine Ansitzmauer herrichten und dann in aller Frühe, beim ersten Dämmern, ansitzen. In kurzer Zeit erreicht man vom Heustadel aus den Almboden. Knapp hinter dem verlassenen Almgebäude liegen, an der rötlich aufgeworfenen Erde gut sichtbar, die Winterbaue. Aber dort war alles ruhig. Auch weiter hinten, auf der großen Geröllhalde, wo sich im Sommer die Murmeltiere gerne tummeln, rührte sich nichts. In Erwartung der kommenden Herbststürme hatten sich die Murmel in ganzen Familienverbänden wohl schon tief in den Schoß des Berges zurückgezogen und schliefen nun bis ins Frühjahr hinein ihren Winterschlaf, der gar kein richtiger Schlaf ist, sondern eine seltsame und rätselhafte Art Dämmerzustand, außerhalb des Lebens in der Vorkammer des Todes, wo alle Körperfunktionen auf ein Minimum reduziert und auch der Pulsschlag verlangsamt und herabgesetzt wird. Ich bin zu spät dran, war mein erster Gedanke, und Enttäuschung machte sich bei mir breit. Noch einmal suchte ich mit dem Glas die Lahner und Hänge ab, versuchte auch ganz oben, knapp unter den Felswänden und auf den Stufen im Fels etwas zu erkennen. Dicht unter den Wänden oben stand ein Scharl Gams, schon gut verfärbt hoben sie sich schwarz vom fuchsigen Lahnergras ab. Kolkraben ruderten im seidigen Abendlicht über die Weite des Talkessels dahin. Weiter hinten, in der Tiefe der Mulde, wo das Gestein in der einsetzenden Dämmerung immer schwärzer wurde, knarrte laut und klar ein

Wenn Gefahr droht, packt die Murmelkatze ihre Jungen und verschwindet blitzschnell im Bau.

Schneehuhn. Dann wurde mein Auge plötzlich auf eine Bewegung aufmerksam. War es nur eine Sinnestäuschung, die sich manchmal bemerkbar macht, wenn man etwas aus ganzem Herzen zu sehen wünscht? Nein, oben unter den Felswänden, die den Talkessel begrenzen, huschte tatsächlich etwas über den steilen Hang. Ein großes, graues Murmel lief dort den schmalen Steig, den die Gams auf ihrem uralten Wechsel von den Rast- zu den Äsungsplätzen ausgetreten hatten, herunter und verschwand dann unter einem großen Stein am Fuße der Felsen. Noch einmal tauchte in der schwarzen Öffnung der Röhre seine graue Nase auf, um schnell wieder zu verschwinden. Jetzt hatte ich ihn also gesehen, den einsamen Bären, der den Zutritt zu den Winterbauen wohl verpaßt hatte oder der ihm aus unerklärlichen Gründen von der Sippe verwehrt worden war. Jetzt konnte ich beruhigt aufstehen, über den Almboden hineinwandern und mir weiter hinten, bei den ersten großen Steinen, eine Ansitzmauer herrichten. Es dämmerte schon, als ich dort Steine aufschichtete, eine schmale Schießscharte offenließ und nochmals Steinplatten drüberlegte. Auch das Errichten einer solchen Ansitzmauer muß gekonnt sein. Zunächst muß der Wind stimmen. Dann soll sie sich womöglich mit dem Murmelbau auf gleicher Höhe befinden, so daß man ein bequemes Schießen hat.
Als ich durch das Tal zurück zum alten Heustadel ging, der für eine Nacht zu meiner Herberge werden sollte, war es schon Abend geworden. Ein seltsames, verklärtes Licht lag über den Hängen und Lahnern; oben in den Felswänden richteten sich die Kolkraben auf ihren Schlafplätzen ein, am Almgebäude ertönte kurz der rauhe, zwitschernde Abendgesang des Rotschwanzes. Ein leichter Windzug war aufgekommen und brach sich schneidend am Grat. Jetzt war irgendwo das metallische Wetzen des Steinhuhnes zu hören, dann in der Ferne ein Gamspfiff und dann Stille, abgrundtiefe Stille. Ich blieb stehen und hielt den Atem an, und für einen Augenblick nahm mich die Einsamkeit dieses Bergabends ganz gefangen und die Stille hüllte mich ein und lastete wie ein Alptraum über den Höhen und löste sich erst, als oben auf dem Kamm leises Steineln zu vernehmen war. Ein Scharl Gams hatte mich in den Wind bekommen. Im Gänsemarsch zogen sie nun über den Grat. Auf der Kante blieben sich nochmals stehen und warfen über den Rücken einen mißtrauischen

Der sagenumwobene Wilde See

Blick zu mir herunter. Dann verschwanden sie wie Schattentiere in der aufkommenden Nacht.
Als ich meinen Unterschlupf erreichte, standen schon die ersten Sterne am Himmel. Aber noch waren die Berge klar und deutlich zu sehen, gegen den hellen Himmel im Westen hob sich der Horizont scharf ab. Alles strömte nun Ruhe und Stille aus, und ich fühlte mich glücklich und geborgen. Nachdem ich mein Nachtlager hergerichtet hatte, setzte ich mich noch kurz auf der schmalen Bank vor dem Heustadel hin und schaute lange über das Gebirge hin, dessen Konturen immer mehr verschwanden und langsam tiefer und tiefer in der immer noch wachsenden Nacht versanken, bis dann nur mehr die feine Linie des Berggrates wie mit einem schwarzen Stift gezogen gegen den leuchtenden Himmel zu sehen war. – Es war Zeit, in den Schlafsack zu kriechen.
Im ersten, grauen Licht des Tages stieg ich dann in den Talkessel hinauf. Es wurde nur langsam hell über den Bergen, aber die Gipfel und Grate wuchsen immer schärfer aus dem Weben der Nachtschleier heraus, und schon räusperte sich wieder der Rotschwanz. Bald hatte ich den Almboden erreicht, eilte durch das Tal hinein zu meiner Ansitzmauer. Dort breitete ich den Lodenmantel auf dem feuchtkalten Boden aus, schob den Stutzen durch die Lücke in der Ansitzmauer, legte das Fernglas griffbereit. Etwas Proviant richtete ich noch zum Zugreifen her, und nun hieß es ganz einfach warten.
Noch war es nicht richtig hell, aber oben am Grat steinelten schon wieder die Gams. Auch der Schneehahn knarrte im frühen Licht, und für Momente sah ich ihn drüben bei der großen Steinhalde in die Luft flattern. Noch war er braunweiß und schwarz gesprenkelt, aber die Mauser würde nun Tag um Tag voranschreiten, und in wenigen Wochen würde er dann blendendweiß sein. Ein Schneehase hoppelte plötzlich lautlos über den Graslahner. Hochläufig und noch kaum verfärbt lief er über den Grashang hinauf und verschwand weiter oben in der großen Steinhalde. Und wieder ertönte das metallische Wetzen des Steinhuhnes.
Aber nun war es taghell, der Himmel leuchtete, und die ersten Sonnenstrahlen entflammten die Bergspitzen. Für Minuten wurde es bitterkalt, scharf zog der Wind von der Höhe. Von meinem Murmeltier war nichts zu sehen. Die schwarze Röhre am großen

Heftige Debatte im Murmeltierrevier …

… die manchmal in regelrechte Faust- und Ringkämpfe ausartet.

Stein unter der Felswand blieb leer. Dafür gab es aber sonst genug zu schauen und zu beobachten. Der Steinadler kam plötzlich im Sturzflug über den Grat herab, fing sich kurz über dem Boden ab, segelte dann im Aufwind die Felswände entlang. Das ist sein alter Trick, dem die Murmeltiere, von denen er sich in unseren Breiten zum größten Teil ernährt, immer wieder zum Opfer fallen. Der Turmfalke rüttelte über dem Südgrat, und dann flatterten Schneefinkenschwärme von Norden her über die Taltiefe hinweg, und für Minuten war die Luft erfüllt von ihrem schwirrenden Flügelschlag und ihren Lockrufen. Plötzlich war die Sonne oben am Hang. Und nun hieß es aufpassen.

Und dann war auch schon ein großer, grauer Murmeltierkopf oben in der dunklen Öffnung des Baues. Ohne sich zu rühren, verharrte das Murmel so ungefähr eine Viertelstunde lang und schob sich dann etwas weiter aus der Röhre. Aber noch war außer dem Kopf und dem Halsansatz nichts zu sehen. Ich versuchte zu zielen, aber im vierfachen Glas war das Ziel einfach noch zu klein. Besser, wenn ich noch wartete! Aber das Murmel blieb mißtrauisch, drehte nur einmal den Kopf, und nun schaute es mich spitz an, und damit war das Ziel noch kleiner geworden. Ich durfte mich nun nicht mehr rühren, denn da stimmte wohl etwas mit dem Wind nicht. Und dann, blitzschnell, war der Murmelkopf wieder weg. Trotzdem war ich zufrieden, denn nun wärmte mir die Sonne bereits den Rücken, und ich konnte mich ans Frühstück machen.

Es gibt in einer solchen Situation nichts Besseres als ein Stück ordentlich geselchten Speck, den man mit dem Jagdmesser in dünnen Scheiben von der Schwarte schneiden kann, dazu ein knuspriges Bauernbrot direkt aus dem Backofen hinterm Haus vom Josef, ein Stück Vinschgauer Käse und nicht zuletzt einen Rotwein aus der bäuerlichen Eigenproduktion im Überetsch und als Nachspeise den letzten Rest vom Pfitscher Kirchtagsfest, ein paar Schwarzbeerkrapfen. So ein Frühstück kann sich über eine gute Stunde hinziehen, und man denkt dann gar nicht mehr daran, daß man auf etwas warten muß. Anschließend kann man sich etwas in der Sonne ausstrecken, und die Zeit vergeht, ohne daß man es merkt. Aber mein Murmel kam auch nicht, als die Sonne schon den Mittagsstand erreichte, der enge Kessel sich mit Wärme füllte, so daß sich sogar die Berggrillen nochmals meldeten. Und auch am frühen Nachmittag blieb es ruhig im Kar.

Das Murmeltier ließ sich nicht mehr sehen, und auch ansonsten war alles still und fast wie ausgestorben.

Erst im späten Licht des Tages, als die Schatten schon lang und schärfer wurden, als die Wärme wieder spürbar wich und ein kalter Hauch vom Joch herunterkam, schob sich oben unter dem großen Stein wieder die graue Murmelnase aus der Röhre. Im Halbschlaf noch hingestreckt sah ich dann, wie sich der Murmelbär ganz langsam herauswagte und dann wiederum, als er etwa zur Hälfte frei war, in dieser Stellung verharrte. Meine Hand tastete sich langsam zum Gewehrkolben. Jetzt war das Ziel deutlich genug, und im Spätnachmittagslicht war das Murmel gut zu sehen. Weiter heraus würde es nur ungerne kommen, und es galt nun zu handeln. Ich richtete mich langsam etwas auf, zielte genau, und noch im Schuß sah ich den grauen Bär zusammensinken. Jetzt war die Spannung, die mich den ganzen Tag nicht hatte zur Ruhe kommen lassen, vorbei. Die Sonne hatte bereits den Berggrat im Westen erreicht, und für Minuten schien sie dort stillzustehen, und ihre Strahlen fielen nun fast waagrecht, aber ohne Wärme und Kraft ins Tal herein. Als sie versank und die ersten Nachtschatten düster und kalt übers Kar fielen, ging ich langsam über den steilen Grashang zu dem Stein unter der Felswand hinauf. Das Murmel lag im Baueingang, und ich sah sofort, daß ich ein starkes Stück erwischt hatte, denn der Rücken war breit wie ein Waschbrett. Unnütz, das Murmel mit zwei Fingern an einem Lauscher hochzuheben. Nach alter Bergjägerweisheit ist ein Murmel erst dann richtig ausgereift, wenn man es, mit zwei Fingern an einem Lauscher gehalten, nicht mehr vom Boden heben kann. Wie sich später herausstellte, wog der Bär über fünf Kilogramm. Aber die große Überraschung sah ich erst bei genauerer Betrachtung des Stückes. Erstens hatte es im Rückenfell einen auffallend hellen Streifen. Außerdem fehlte ihm das rechte Auge. Die Augenhöhle war leer und ausgetrocknet. Wahrscheinlich hatte es dort einmal der Steinadler im Sturzflug mit seiner Kralle erwischt, und es war ihm nur knapp entkommen. Vielleicht war das der Grund, warum ihm der Zutritt zu den Winterbauen verwehrt worden war. Soviel wissen wir über die Murmeltiere, daß sie kranke Artgenossen, bevor sie sich im Herbst zum Winterschlaf in den Gemeinschaftsbau zurückziehen und den Ausgang bis zum Frühjahr mit Erde, Heu und Steinen verstopfen, rigoros aus der Gemeinschaft ausschließen. Es ist dies wohl die instinktive Angst um die Gesundheit der Sippe.

Heuzieher haben einmal zu Weihnachten tief im Heu eines Bergstadels ein schlafendes Murmeltier gefunden und es mir gebracht. Ich habe es wiederum ins Heu unseres Hausstadels gelegt und sorgfältig

Im Tal der Murmeltiere

Nach einem erfolgreichen Jagdtag
im Spätsommer im Hochgebirge

zugedeckt. Als es dann Frühjahr wurde, hat es sich mit seinen starken Nagezähnen durch die Holzwand des Stadels den Weg ins Freie geöffnet, hat sich unter dem Stadel eingegraben und sich noch wochenlang in unmittelbarer Nähe des Hauses aufgehalten. Als es dann im Tal Sommer wurde und der Schnee auch im Gebirge dahinschmolz, ist es eines Tages verschwunden. Da war es wohl dem Ruf der Berge gefolgt, war hinaufgelaufen durch den Wald und die Latschenregion, hatte sich irgendeiner Murmelsippe angeschlossen und das unliebsame Abenteuer im Tal, das ihm im nachhinein vielleicht wie ein böser Traum erschienen sein mag, aus dem es nun erst erwacht war, schon recht bald wieder vergessen. So hatte ich mit diesem Murmelbären große Freude und blieb noch lange oben im Tal sitzen. Der Steinadler kam noch einmal im letzten Licht über den Kessel und drehte blitzschnell ab, als er mich gewahrte. Und wieder knarrte der Schneehahn und wetzte das Steinhuhn. Unten am Almgebäude zwitscherte der Rotschwanz. Nun schien das Gebirge aus seinem Innersten Kälte und Dunkelheit auszuströmen. Nur der Himmel, der sich seidig über die Berglandschaft hindehnte, verstrahlte letztes Licht. Es war Zeit zu gehen. Ich packte den Murmelbären in den Rucksack und stieg ins Tal hinab. Am nächsten Tag saß ich beim Josef auf der Bank vor seinem Haus und sah ihm zu, wie er den Murmelbären abbalgte. Sorgfältig und sauber löste er das Fett ab und kochte es dann im Freien auf einem kleinen Holzherd ab. Ich saß derweilen in der Sonne, nahm den schweren, erdigen Geruch des sich erwärmenden und flüssig werdenden Murmeltierfettes wahr und dachte noch einmal darüber nach, wie der Bauer Josef zu seinem Murmeltierschmalz und ich zu meinem Vergnügen gekommen war.

Der Berghirsch hat längst verfegt und zieht höher, manchmal ganz hinauf bis ins Tal der Murmeltiere.

In der letzten Abendsonne
stand der rote Bock am Waldrand.

Wo steckt die Geiß?

Und schon hat er sie gefunden.

Aus der Deckung beobachtet der starke Bock aufmerksam das Treiben seines Nebenbuhlers.

Im Spätsommer sind die jungen Füchse …

… und die Dachse fast schon ausgewachsen.

Im Gipfel des alten Baumes wird der Edelmarder rege.

Manchmal steht auch hoch oben im Bergwald ein wirklich kapitaler Hirsch.

Pilzelandschaft

Rotwild zieht von der Alm in den Hochwald ein.

Mit seinem schwarzen Halsband
und der aschblauen Brust ist das Steinhuhn
einer der schönsten und buntesten
Hühnervögel im Bergrevier.

An einem heißen Sommertag hat die alte Gamsgeiß einen kühlen Platz am Gletscherrand gefunden.

Er ist mein Lieblingsvogel, der Alpenmauerläufer, der Kolibri der Bergwelt.

Über den ganzen Berg hinauf blüht es.

Das Fahlwild ruht sich aus.

Auch im Sommerkleid ist das Schneehuhn recht schmuck.

Oben am Grat pfeifen die Gams.

Klettern ist ihr Lebensinhalt.

Im Hochsommer zieht der alte Murmelbär bis zum Rand der Gletscher hinauf, wo nun die besten Kräuter wachsen.

Weit, weit oben über allen Tiefen und Tälern leben die Steinböcke.

HERBST

Am Grat oben schreit der erste Hirsch.

Wenn die Nebel steigen

Der erste Reif hatte die Bergwälder entflammt. Rostrot glühten die großen Lärchen bis unter die Felswände hinauf, umbrandet von Buchen, Eschen und Birken und überschattet von dunklen Fichten. Aus der blauschwarzen Tiefe der Zirbelwälder loderten die brennenden Fackeln überreifer Vogelbeeren. Und tiefbraun hatte die Sonne Bergmähder, Lahner und Hänge versengt. Darüber erhoben sich weiß und kalt die Felsen. Hart und grau und klar trat nun das Gletschereis jeden Tag mehr aus den Nordwänden der höchsten Gipfel hervor und hing in seltsam schwülstigen, wogenden und manchmal auch absplitternden Kaskaden über den Abgründen. Noch ließ der Schnee auf sich warten. Nur auf den Gipfeln und in den höchsten Tälern und Schluchten, in den Rinnen, Rissen und Schrunden, wo nun die Sonne, ihre Bahn jeden Tag tiefer und kürzer ziehend, kaum mehr hinkam, leuchteten die ersten weißen Flecken aus dem Schatten der Felsen hervor und reflektierten in der Nacht das Sternenlicht. So warm und angenehm es untertags auch noch sein konnte, die Nächte waren bereits bitter kalt und die Bäche schon zugefroren. Reif überzog morgens die Wiesen, Waldlichtungen und Bergmähder.

Auf der Alm war nur scheinbar Ruhe eingekehrt. Im Almwald hinter den Hütten brunftete das Rotwild, und die Nacht war erfüllt vom dumpfen, aufwühlenden Schrei der Hirsche. Untertags balzte im Mischwald der Haselhahn, und manchmal war von der anderen Talseite das verlorene Rodeln eines Spielhahnes zu hören, immer wieder übertönt vom aufgeregten Treiben einer Bracke, die Schneehasen jagte.

Oben auf dem Felsgrat pirschten die Gamsjäger nun über den Wolken dahin. Denn bis in den Nachmit-

Der Herbst hat die Berge entflammt: Spiel der Nebel und Farben.

tag hinein hielt sich eine dichte Nebeldecke über dem Tal, die sich erst spät am Tag auflöste, und dann wallten die Nebelschwaden wie Fabelgestalten langsam zu Berg und verschwanden im Nichts. Die Gams steckten schon in ihrer dunklen, zottigen Winterdecke. Bei schönem Herbstwetter standen sie in den höchsten Lagen, suchten den Schatten, und wie schwarze Punkte waren sie über die braunen Lahner verstreut.
Eine große Unruhe hatte das Gebirge erfaßt. Schwärme von Fichtenkreuzschnäbeln und Birkenzeisigen lärmten durch den schütteren Bergwald, Häher kreischten und ließen die überreifen Zirbelzapfen laut krachend auf den Waldboden fallen, und hoch oben am Joch, dicht unter den grauen Gletschern, begann der geheimnisvolle Zug der Falter nach Süden. Große Tage standen im Bergrevier bevor, und alles lebte nun in der Gewißheit, daß das Jahr im Wandel der Jahreszeiten dem Höhepunkt und gleichzeitig der Vollendung zustrebte und die ersten Winterstürme nicht mehr weit waren.

Rote Vogelbeeren und samtbrauner Haselhahn – sanftes Farbenspiel im herbstlichen Bergwald

Mächtig dröhnt seine Stimme über den Brunftplatz.

Rufe in der Nacht

In der Nacht war ich durch den Bergwald aufgestiegen, und dichter Hochnebel verdeckte den Himmel und verschluckte das Sternenlicht, und es war eine finstere Herbstnacht, und man konnte die Hand kaum vor den Augen erkennen. Noch in der Dunkelheit hatte drüben, am jenseitigen Hang, wo der Bergwald von kleineren Lichtungen und größeren Schlägen durchsetzt ist, ein Hirsch gemeldet, und als ich höherstieg und das Morgenlicht langsam, grau und träge durch den Nebel sickerte, hörte ich immer wieder sein Röhren, und es war eine mächtige, herrisch dröhnende und schon etwas heißer geschriene Stimme, die keinen Zweifel ließ, daß hier der Platzhirsch meldete und sein Rudel zusammentrieb.
Jetzt war das erste Licht da, und ich versuchte in den freien Schlägen etwas zu erkennen, aber alles verschwamm im milchigen Grau des Morgens. Dann war der Kampfruf des Hirsches zu hören, aber schon etwas höher und weiter entfernt, und wie mir schien, gegen den Berggrat über den Wald hin. Und etwas tiefer antwortete ein anderer Hirsch, und es begann ein wildes zweistimmiges Hochbrunftkonzert. Der Hirsch im Wald unten, nach der Stimme zu schließen ein hartnäckiger und wohl auch recht starker Beihirsch, forderte den erhöht stehenden Platzhirsch immer wieder heraus. Der schmetterte ihm wütend seinen Kampfruf entgegen und zog mit dem Rudel höher. Und noch immer konnte ich im milchigen Frühlicht nichts erkennen und erst als es langsam heller wurde, der Morgenwind die Nebel lichtete und ich freie Sicht über den Bergwald hinaus auf den sich darüber hinaufziehenden Grat und ein von Latschen und sturmgebeugten Zirbelbäumen umstandenes Köpfl hatte, bot sich mir ein unbeschreibliches Bild. Weit oben waren die Berggipfel in der Morgensonne rot entbrannt, Reif lag auf den

Unruhig rückt das Scharwild zusammen.

Weiter unten antwortet ein starker Beihirsch.

Bergwiesen und schimmerte weiß wie Schnee. Und draußen auf dem Köpfl stand – noch immer von Nebelschwaden umwoben – ein kleines Rudel Rotwild, dicht zusammengedrängt, und etwas erhöht hatte sich der Platzhirsch aufgebaut, und nun stand er dort, ein tiefmähniger und sichtlich älterer Hirsch, und hob sich deutlich vor dem kupfrigen Hintergrund des Himmels ab. Er blickte mißtrauisch auf das Rudel aus Alttieren und Kälbern hinunter, und dann warf er das Haupt weit in den Nacken zurück, so daß die langen, derben und hochragenden Stangen seinen Rücken berührten, und ließ einen weiteren Kampfruf hören, und seinem Äser entströmte in der Kälte des Morgens eine weiße Atemwolke. Nur wenige Augenblicke war mir dieser Anblick vergönnt, dann stiegen die Nebel immer dichter vom Wald herauf, verschluckten das Bergköpfl, und langsam, langsam schien das morgendliche Brunftkonzert zu versickern, um schließlich ganz zu verstummen. Ich blieb allein zurück, und fast schien mir, als hätte ich nur geträumt, als ich nun zügig weiter hinauf, der Sonne und dem Licht und der Wärme des goldenen Herbsttages entgegenstieg.

Am Waldrand steht der Platzhirsch.

Im letzten Abendlicht verharrte der Steinbock unbeweglich auf der Felskante.

Auf der Fährte des Steinbocks

Den ganzen Tag hatten wir den Steinbock gesucht. Im Sommer hatte er sich meistens oben in den Felswänden unterm Gletscher aufgehalten, und nun, als der Herbst längst angebrochen und damit seine Zeit gekommen war, schien er wie vom Erdboden verschluckt. Wochenlang hatten wir ihn gesucht und dabei viel Steinwild gesehen und gar einige Böcke beobachtet, aber der zum Abschuß freigegebene Bock war nicht dabei. Nur einmal hatten wir ihn flüchtig gesehen, ganz weit oben auf der Kante einer hohen Felswand, und da hinauf war der Schuß nicht zu verantworten.
Es ging jetzt gegen Ende Oktober, der erste Schnee war im Gebirge längst gefallen, und auch an diesem Tag hatte es wieder geschneit, der Neuschnee lag gut schuhtief, und später war Nebel übers Gebirge hereingefallen und hatte uns jede Sicht genommen, und am späten Nachmittag blieb uns nichts anderes übrig, als uns auf den Heimweg zu machen. Und als wir jetzt den schmalen Weg dicht unter den Felswänden entlang abwärts gingen, waren wir müde vom langen Marsch und durchnäßt vom feuchten Schnee und enttäuscht von der Erfolglosigkeit auch dieses Pirschganges. Doch kurz bevor die Dämmerung kam, riß die Nebeldecke noch einmal auf, rotgoldene Sonnenstrahlen fielen nun durch eine Wolkenlücke im Westen auf die verschneite Bergwelt und tauchten sie in ein seltsames und zauberhaftes Licht, fast so, als würden sie die hereinbrechende Dunkelheit noch einmal aufhalten und hinauszögern.
Und in dieser letzten Spanne zwischen Tag und Nacht stand plötzlich der Steinbock direkt über uns in der großen, schwarzen Felswand. Dort, wo die Wand aus dem steilen Grashang herauswuchs, wurde sie nach wenigen Dutzend Metern von einem

Ein Steinbock ist kein Gams …

… den man allein im Rucksack vom Berg tragen kann.

fast parallel zur Sohle verlaufenden Grasband durchbrochen, und an seinem Ende ragte eine dolomitweiße Felsnase direkt aus der schwarzen Wand und damit über den Abgrund hinaus. Und dort oben stand nun, majestätisch und groß und sich seiner Überlegenheit und Unverwundbarkeit vollkommen bewußt, der Steinbock. Kraftvoll hatte er die starken Läufe in den Fels gestemmt und das Haupt mit den hellwachen Augen und den überschweren Hörnern leicht zur Seite geneigt, so daß man die volle Stärke und weite Auslage seiner mächtigen Trophäe bewundern konnte. Rötlich schimmerte seine ansonsten fahle Decke im letzten Abendlicht, und lange verharrte er unbeweglich und wie in sich selbst versunken, und dann ging mit einem Schlag eine kräftige Bewegung durch den starken Wildkörper und mit einem einzigen Satz schnellte er von dem Vorsprung zurück in die Wand und kletterte wie auf einem unsichtbaren Band quer durch den steilen Fels nach oben und hatte in Kürze den Gipfel erklommen. Dann verharrte er noch ein paar Minuten oben am Grat, zeigte uns gegen den verblassenden Abendhimmel und neben einem durchsichtigen Dämmerungsmond seine mächtige Silhouette und verschwand mit einem Satz rückwärts in der aufkommenden Nacht.

Wenn die Abendsonne
die Berglandschaft in rotes Licht taucht …

Zwei, die zusammengehören: Hund und Hase.

Der Lockruf der Wälder

Vielleicht wird dieser seltsame Zauber der Hasenjagd im Gebirge auch von jener Ungewißheit bestimmt, die den Jäger befällt, wenn er am frühen Morgen hoch oben am Berg zum ersten Mal das helle Geläute seiner Bracke vernimmt – diesen magischen Lockruf des herbstlichen Waldes –, aber noch nicht genau weiß, ob der Hund nun einen braunen Feldhasen oder einen weißen Berghasen, den Schneehasen, aufgejagt hat. Zwar kann man mit der Zeit, wenn man mit seinem Hund schon viel gejagt hat und ihn lange und sehr gut kennt, aus seinem Lautgeben und dem Richtungsverlauf der Jagd ungefähr schließen, ob der Hase nun braun oder weiß ist. Die Jagd auf den braunen Hasen ist für den Hund schwieriger, er, der braune, zieht viel weitere Kreise als der weiße, läuft weiter aus, überquert manchmal auch ein Tal und überwindet auch größere Hindernisse, so etwa seichte Bäche, wo der Hund seine Witterung verliert und ihm dann nicht mehr zu folgen vermag. Der Schneehase dagegen verläßt seinen Lebensraum nur ungern, zieht bei der Jagd kleinere Schlingen und kommt nur, wenn es sein muß, aus dem schützenden Wald heraus. Im Gebirge überschneidet sich der Lebensraum der beiden Vettern. Der braune Hase ist manchmal auch im Almbereich anzutreffen, während der Schneehase vor allem im Winter bis in die Tallagen herabkommt, wobei die Rede immer von unseren Hochgebirgstälern am Alpenhauptkamm ist. Somit kann es immer eine Überraschung geben, und vielleicht ist es gerade diese Ungewißheit, die zu einem guten Teil den Reiz der Hasenjagd im Gebirge ausmacht. Es gibt passionierte Hasenjäger, die dieser Jagdart so verfallen sind, daß sie das andere Wild völlig vergessen, wenn sie einmal das Geläute ihres Hasenhundes hören.
Von der Jagd auf den braunen Waldhasen wollte ich hier erzählen. Der Schneehase gehört schon wegen seiner Erscheinung in den Winter, und in jenem Teil

Herbst im Bergwald

Auch ein Hasenjäger: Steinadler mit geschlagenem Feldhasen

des Buchs wird dann auch ausführlich über ihn, dieses weiße Gespenst des Bergwaldes, berichtet.
Bevor der erste Schnee kam und das Gelände für Jäger und Hund unzugänglich und schwierig machen würde, wollte ich noch einmal hinauf ins Gebirge und am Rand der großen Wälder auf den braunen Waldhasen jagen. Diese kleine Jagd auf den einsamen Waldhasen hat ihren ganz besonderen Reiz. Da ist schon einmal die unbändige Freude des Hundes, wenn er merkt, daß es auf die Jagd geht, die auch den Jäger erfaßt. Dann der stimmungsvolle Weg in der herben Frühluft eines Herbsttages über die noch nächtlichen Felder zum Waldrand hinauf. Dort die erste Rast, während im Osten über den Gletschern glutrot der Morgen anbricht und das erste Licht über die Wälder kommt und die Pracht des Herbstes in einem wahren Farbenrausch aufleben läßt. Und je näher wir dann dem eigentlichen Hasenrevier kommen, umso mehr legt sich der Hund in die Leine, er weiß, wo die alten Waldhasen liegen, wo sie ihre Sassen an den stillen, sonnigwarmen Hängen des Bergwaldes haben, wo ihre uralten Gänge und Pässe verlaufen, auf denen sie in der Nacht zur Äsung ins Tal hoppeln und morgens wieder zu Berge rücken. Da oben ist man auf einen starken, passionierten Hund angewiesen, der die Suche auch im schwierigen Gelände nicht so schnell aufgibt, den Hasen auch in der felsigen Waldregion und in den unzugänglichen Latschenfeldern aufstöbert und ihn dann so lange jagt, bis er dem wartenden Schützen vor die Flinte kommt. Und dieser muß Geduld haben, und er darf den Hund nicht durch voreiliges Verlassen seines Standes enttäuschen. Die Erfahrung zeigt, daß der braune Hase bei der Flucht vor dem Hund immer über dieselben Schneisen, Hohlwege, Wildwechsel und alten Ziegensteige kommt. Es gibt offenbar uralte Hasenpässe. Will man sie ganz genau wissen, braucht man nur die alten Jäger im Revier zu fragen, wo sie früher bei der Hasenjagd anstanden und auf die Hasen paßten – dann kommt man drauf, daß sich im Verhalten der Berghasen nichts geändert hat, denn die Landschaft und ihr Äsungsangebot sind am Berg im Gegensatz zu den durch die Landwirtschaft bedingten, großen Umwälzungen im Mittelgebirge und der Ebene ja weitgehend gleichgeblieben, nur wir sind anders geworden.
Voller Spannung, die das Herz schneller schlagen läßt, ist dann jener Moment, wenn die Bracke im

An einem strahlend schönen Herbsttag im Bergrevier

Bergwald oben erstmals Laut gibt, zuerst noch unsicher und zögernd, bis dann die ersten Laute in ein kontinuierliches Geläute übergehen, das den ganzen Berg widerhallen läßt und sich schließlich in einem einzigen Crescendo geradezu überschlägt, wenn der Hund dem Hasen so nahe kommt, daß er ihn für ein paar Augenblicke sieht. Meist zu früh geht man dann mit der Flinte in Anschlag, und die Gedanken kreisen aufgeregt um jenes seltsame Geschehen im Bergwald oben, von dem vorläufig nur die an- und abschwellende Tonleiter des Hundes Kenntnis gibt, einmal durch den Lärchenwald näher kommend, dann sich wieder in Gräben, Klüften, Dickungen und Tiefen des Waldes verlierend, um schließlich ganz unten im Tal, wo der Hund wahrscheinlich auf ein unüberwindbares Hindernis gestoßen ist und den Hasen ganz verloren hat, zu verstummen.

Und dann hatten wir also im ersten Frühlicht den Waldrand erreicht. Es war noch zu dunkel, um mit der Jagd zu beginnen. Der Hund war unruhig und nervös. Die Jagdpassion hatte ihn gepackt. Wir stiegen durch den Wald etwas höher hinauf bis zur Trasse einer alten Forststraße. Hier hoppeln die Hasen vom Feld kommend gern entlang und verlieren sich dann im Bergwald. Noch immer war es nicht richtig hell, und ich wollte den Hund noch nicht loslassen. Im dämmerigen Frühlicht hat sich schon so mancher Hase am Jäger ungesehen vorbeigedrückt. Doch dann schnallte ich den Hund ab. Er lief über den sanft ansteigenden Hang hinauf, durchstöberte die Latschen, durchsuchte jedes Loch, jede Bodenvertiefung, steckte seine Nase unter Stöcke und Steine hinein und verschwand weiter oben in einem Junglärchenbestand. Und dann plötzlich ein lautes Aufheulen und Jaulen, da hatte er einen Hasen aus dem Lager gestoßen. Laut hallte nun die Jagd über die ganze Bergseite hin, wurde weit oben als Echo von einer Felswand zurückgeworfen, der Hund gab gleichmäßig und anhaltend Laut, und immer wieder überschlug sich seine Stimme: Nun hatte er den Hasen wohl ziemlich nahe vor sich, und wahrscheinlich war es ein Schneehase. Zunächst ging die wilde Jagd durch den Wald aufwärts, drehte sich dann aber oben und kam wieder in meine Richtung zurück, und nun sah ich unweit vor mir im Altholz auch schon eine hellgraue Bewegung, da hoppelte ein noch nicht ganz ausgewachsener Schneehase daher. Dicht zu mir her lief er, unerfahren und völlig

Feld- und Schneehase im Vergleich

Im ersten Schnee

überrascht von der Situation, setzte sich dann mitten auf der Forststraße nieder, so als müßte er überlegen, wie es weitergehen sollte, musterte mich mißtrauisch, und mit einem Sprung war er im Jungwald verschwunden. Ich war zufrieden damit, denn erstens war es für einen Weißen noch zu früh an der Jahreszeit, und zweitens hatte es sich um ein junges, noch nicht vollständig verfärbtes Stück gehandelt. Auf den bis auf die schwarzen Löffelspitzen schneeweiß ausgefärbten Schneehasen wollten wir dann im Dezember jagen. Gleich darauf kam der Hund, begrüßte mich nur oberflächlich und sah mich scheinbar vorwurfsvoll an, weil er ja keinen Schuß gehört hatte, und wollte gleich weiter. Doch ich rief ihn her, nahm ihn an die Leine, lobte und streichelte ihn, er schenkte mir aber keine Aufmerksamkeit, und nur widerwillig ließ er sich von der warmen Hasenspur abbringen.

Wir stiegen weiter durch den Bergwald aufwärts. Hier mußte irgendwo ein brauner Althase liegen, der mich und den Hund schon verschiedentlich ausgetrickst hatte. Das letzte Mal, als ihn der Hund aus dem Lager geworfen hatte, war er in wilder Flucht bis ins Tal hinuntergestürzt und dann auf der Straße eine lange Strecke geradeaus gelaufen, wo ihn der Hund alsbald verlor. Dann kamen wir an eine Lichtung, die sich zum Waldrand hinauf öffnete, darüber zogen sich die Latschenfelder hinauf, und man sah den Berggrat, und dort stand ein Scharl Gams, und die einzelnen Tiere hoben sich schwarz gegen den hellen Himmel ab. Da oben war viel Bewegung, zwei Böcke trieben sich im Harstschnee, und deutlich war ihr Blädern zu hören. Weit oben im Geröll knarrte ein Schneehahn. Lauter und ausdauernder als sonst ertönte sein Warnruf. Und der Schwarzspecht flog über die Waldlichtung, und sein Schrei gellte in unseren Ohren. Und auch die Zirbelhäher waren an diesem Morgen voll Unruhe, und aufgeregt flatterten sie von einem Baumgipfel zum anderen. Die Sonne war jetzt hinter Wolken verschwunden, ein bleiernes, stumpfes Licht lag über dem Land, und es roch nach Schnee. Während ich verträumt in die Landschaft hinausschaute, begann es sanft zu schneien, und der Hund drängte sich an meine Beine und legte seine kalte Schnauze in meine Hand. Wieder schrien die Zirbelhäher, und der Hund wurde unruhig. Jagen wollte er, nochmals jagen, bevor der nun immer dichter rieselnde Schnee

jede Suche unmöglich machen würde. Ich ließ ihn los, und er kreuzte die Waldlichtung, verschwand dort in der dunklen Dickung hoher Zirbelbäume, zwischen denen vollreife Ebereschen rot aus dem blauschattigen Dämmer leuchteten. Und plötzlich hörte ich ihn im Wald Laut geben, zuerst zögernd und abgehackt, dann aber überschlug sich seine Stimme, und unweit von mir sprang ein großer brauner Hase aus den Latschen, verschwand in einer Bodenmulde, lief viel zu dicht an mir vorbei, schlug einen zackigen Haken, und kurz bevor er weiter unten wieder im Wald verschwinden wollte, flog die Flinte an die Wange, der erste Schuß donnerte daneben, im zweiten roullierte er aber, und schon war der Hund über ihm und schlug ihn sich um die Behänge.
Dann folgte ein nachdenklicher Abstieg durch den immer dichter werdenden Schneefall. Über dem Tal verlor sich der traurige Lockruf der Kolkraben, und nichts war mehr zu hören als das sanfte Wispern von Meisen und Goldhähnchen im Geäst der Lärchen, und es versickerte im leisen und steten Rieseln der Schneeflocken. Der alte, braune Waldhase baumelte groß und schwer an meinem Rucksack, und als wir jetzt aus dem Wald heraustraten und über die Felder heimwärts schritten, waren sie schon ganz weiß vom ersten, richtigen Schneefall dieses Herbstes, und weich wie auf einem Polster schritten wir dahin; ich voraus und hinten der Hund, und ich wußte, er war sehr zufrieden und stolz heute und würde den braunen Waldhasen an meinem Rucksack keinen Augenblick aus den Augen lassen.

Ihm gewidmet, dem treuen Hasenhund »Brack«, dem größten und leidenschaftlichsten Hasenjäger, mit dem ich unvergeßliche Jagdtage erleben durfte.

Der Gamsbock wird unruhig und sucht umher.

Gamsbrunftzauber

Allerheiligen ist immer ein besonderer Stichtag für die Gamsjagd gewesen. Mit Novemberbeginn rundet sich das Jagdjahr ab, die Tage werden kürzer, das Licht schwindet dahin. Die Stimmung schlägt nun auch im Jägerherzen um: Herbst ist es, tiefer Herbst, Zeit zum Abschiednehmen, bevor der Bergwinter mit Schnee und Kälte, Sturm und Lawinen das Gamsrevier für Monate verschließt.
Ein sichtbarer Wandel vollzieht sich in der Natur. Das Schneehuhn ist nun fast ganz verfärbt, und auch der Schneehase ist bis auf die schwarzen Löffel und einige graue Flecken im Fell schon weiß, und wie ein Gespenst, wie ein Wesen aus einer anderen Welt, hoppelt er im ersten Frühlicht durch das noch apere Kar. Wie weiße Flocken wirbeln die Schneefinken sehnsüchtig lockend in großen Schwärmen übers Gebirge hin. Ab und zu verirrt sich ein Mauerläufer ins Tal und kündigt mit rosenrotem Flügelaufschlag, mit fledermausartigem Flatterflug am Kirchen- und Turmgemäuer die nahenden Winterstürme an, die schon von Norden her in Schüben über den Alpenhauptkamm greifen. Und das Gamsgebirge friert langsam ein, wird hart und abweisend und gefährlich. Wie weiße Watte liegen am Morgen die Nebel über den Tälern, und darüber erheben sich die Bergspitzen in all ihrer kristallenen Klarheit, vom ersten Schnee leicht überpudert.
Der Gamsbock in seiner zottigen schwarzen Winterdecke wird unruhig. Längst hat er seinen Sommereinstand verlassen und sucht im Revier umher. Wenn der Wind verstummt und die Luft stillsteht, ist sein sehnsüchtiges Blädern weithin zu hören. Wild treiben sich die Böcke nun gegenseitig über Hänge und Lahner, durch die steilsten Felswände, durch Kare und Täler und bringen den ganzen Tag Bewegung und Spannung ins Revier. Auch den

Des Bergjägers reinstes Glück

Bergjäger, für den die Jagd auf den Gamsbock zur Brunftzeit einer der Höhepunkte im Jagdjahr ist, erfaßt eine seltsame Unruhe, ein unbestimmtes Sehnen und Hoffen.
Diese Pirsch auf einsamen Höhen auf den Gams im schon winterlichen Gebirge ist noch wirkliches und ehrliches »Jagern« – wenn man frühmorgens zu nächtlicher Stunde ins Gebirge aufsteigt und nie so genau weiß, was der Tag und der Abend bringen werden; das Marschieren im Gebirge hoch über der Waldgrenze, das Steigen im steilsten Gelände mit freiem Blick über Täler und Höhen hinweg, das Treiben der Brunftböcke, die Bewegung der Rudel, das Wechseln der Winde und Wetter, das seltsame, zauberhafte Licht des späten Jahres – die blendendhellen Sonnentage und die schnell verdämmernden, bleiernen Stunden, wenn der Schnee weich wie Watte aufs Gebirge fällt und jeden Laut verschluckt und jede Bewegung erstarren läßt – das ist die Stimmung dieser Pirsch auf den Brunftgams, und sie ist des Bergjägers eigentliches Leben, sein ganzes Hoffen und Sinnen, sein reinstes Glück.

Der starke Gamsbock steckt schon in seiner schwarzen, zottigen Winterdecke.

Im ersten Frühlicht Aufstieg ins Gamsgebirge

Pirsch auf einsamen Höhen

Manchmal geistern sagenhaft starke Böcke durch unsere Gamsjägerträume. Und mit ihnen ist es wie mit allen Träumen: Sie werden kaum einmal wahr – oder nur dann, wenn man es am wenigsten geglaubt und erwartet hätte. Manchmal kann man das Weidmannsheil buchstäblich schon mit Händen fassen und sieht sich schon vor dem sauber erlegten Bock stehen – und dann zerrinnt einem das Jagdglück wieder zwischen den Fingern und unerreichbar, unnahbar und unverletzbar erscheint der alte Gamsbock. Er geistert dann noch nach Jahren durch unsere Gamsjägerphantasien.

Einmal waren wir zur Zeit der Gamsbrunft am frühen Morgen durch ein enges Seitental hoch ins Gebirge hinaufgestiegen. Es war ein langes Tal, tief eingeschnitten in den Berg, und die nackten Flanken fielen steil in die Tiefe und unten – verdeckt durch eine dicke Eisschicht – dröhnte und gurgelte gedämpft der Bach. Es war Mitte November, und in den letzten Tagen war viel Schnee gefallen, und Lawinen waren ganz oben am Grat losgebrochen und hatten den schmalen Steig, der sich die steilen Flanken auf gleicher Höhe mit dem Bach entlangzog, völlig verschüttet, so daß sich der Jäger vor mir immer wieder einen neuen Weg suchen mußte. Langsam und bedächtig stieg er in der Dunkelheit des frühen Wintermorgens mit seinen zwei Hunden vor mir her, und das ging gut, solange der Schnee nicht ganz gefroren war. Aber je höher wir kamen, um so härter wurde der Lawinenschnee, und ab und zu mußten wir den Pickel einsetzen, um nicht über den Steilhang abzurutschen.

Als der Morgen dämmerte, waren wir oben auf der freien Fläche. Breit lag die Alm vor uns, und auf der Südseite der Almhütten, wo der Wind den Schnee fortgeweht hatte, richteten wir uns ein bequemes Sitzen her. Von hier aus sah man hinüber auf die andere Talseite, wo die Felswände zunächst sanft an-

Da oben steht schon einer.

steigend, dann immer steiler werdend, den Almkessel halbmondförmig nach Norden und Westen hin abriegelten. Es waren keine glatten, sondern mit schütterem Bergwald, Staudenwerk und Latschen sowie kirchturmdachsteilen Grashängen durchsetzte, dann wieder von schmalen Bändern und breiten Quergängen durchzogene und von Gräben und Rinnen zerrissene Bergflanken – ein Paradies für das Gamswild. Dort oben konnte es ungestört den ganzen Tag verbringen, unerreichbar für jeden Jäger und auch für den besten Stutzen. Man konnte die Wände zwar von den Almhütten aus gut einsehen und hatte sie, weil man sich auf gleicher Höhe befand, scheinbar zum Greifen nahe. Aber für einen Schuß da hinüber war es viel zu weit, wollte man wirklich an die Gams heran, so mußte man erst von der Alm auf den Talboden hinunter, den Almkessel überqueren und dann drüben bis unter die Wand hinauf. Aber dann stand man direkt unter den Gams, man sah die Wand nicht mehr ein, und sie konnten sich langsam höher verziehen und von oben erbost herunterpfeifen.
Da drüben hatte man nur wirklich eine Chance, wenn sich die Böcke in der Brunft bis auf den Almboden heruntertrieben.
Und auf so eine Gelegenheit warteten wir an diesem Morgen. Vor Tagen hatten wir oben in den Wänden einen starken Gamsbock ausgemacht. Die Brunft war voll im Gang, und der Bock hatte auf einem von Latschen umstandenen, steilen Grashang ein kleines Scharl Geißen eifersüchtig umkreist und gehütet. Eine starke, weit ausgelegte und tief gehakelte Krucke hatte dieser Bock und war außerdem ein richtiger Kasten von einem Gams, mit kohlschwarzer Decke und langem, glänzendem und an der Seite herabfallendem Bart. Meist stand er über dem kleinen Rudel auf einem erhöhten Posten, musterte aufmerksam die

Manchmal geistern sagenhaft starke Böcke durch unsere Gamsjägerträume.

Vom »Bergl« aus der Blick auf die Hohe Wand

Gegend, bläderte ab und zu in die Landschaft hinaus, schüttelte seinen mächtigen Körper, daß der lange Bart nur so hin- und herflog, und mit wenigen Sprüngen war er dann bei einer Geiß, die sich etwas von den anderen entfernt hatte, und stieß sie unwillig zurück.

Nun saßen wir oben auf der Alm, und kaum wurde es richtig hell, da trat drüben in den Wänden auch schon der Bock in Erscheinung. Über den ganzen Lahner hin verstreut äste das Rudel, und der Bock näherte sich immer wieder den Geißen, nahm am Boden ihre Witterung auf, verjagte einen Jahrling, der gar nicht wußte, was ihm geschah, kam dann wieder zum Rudel zurück und tat sich schließlich auf einem etwas erhöhten Felsvorsprung nieder. Von dort aus überblickte er nicht nur seine Geißen, sondern die ganze Alm und auch den Taleingang und konnte jede Gefahr frühzeitig erkennen. Wenn er dort blieb, dann war er für uns unerreichbar, und uns blieb vorerst nichts anderes übrig als zuzuwarten, zumal sich die übrigen Gams nach der ersten Morgenäsung höher in die zerrissenen Wände hinauf verzogen und sich nach und nach ebenfalls niedertaten.

Da konnten wir also in aller Ruhe frühstücken, unseren Speck auspacken, in dünnen sauberen Scheiben aufschneiden, den heißen Tee genießen und abschließend auch noch einen tiefen Schluck aus der Rotweinflasche nachschicken. Denn nun hatte die Sonne den Berggrat erreicht, die Kälte brach, und auf dem windgeschützten Platz an der Südseite der Almhütten wurde es recht gemütlich, so daß man es auch längere Zeit aushalten konnte, zumal wir ja das Gamsrevier wie eine Bühne vor uns liegen hatten und sich im Laufe des Tages da sicher noch einiges abspielen würde.

Nach dem Aufstieg durch die bitterkalte Morgenluft genoß ich nun den wärmenden Sonnenschein und schaute verträumt in die Winterlandschaft hinaus. Doch lange währte die Ruhe nicht. Der Jäger stieß mich plötzlich in die Seite: »Der Bock kommt«, zischte er und suchte eine Auflage für sein Spektiv. Tatsächlich war drüben in der Wand Bewegung in die Gams gekommen. Von irgendwoher war ein zweiter Bock zugewechselt, stand nun unterm Lahner und bläderte sehnsuchtsvoll zu den Geißen hinauf. Da ging ein einziger Ruck durch den Platzbock, er sprang auf, stürzte sich auf seinen Nebenbuhler her-

Ein Scharl Gams über den Dächern von Ried

ab, der sofort Reißaus nahm, und dann ging die wilde Jagd der beiden schwarzen Böcke quer durch die Wand, von einem Felsband zum anderen schwangen sie sich, walgten durch ein Latschenfeld und dann über den steilen Lahner herab. Sie verschwanden schließlich in einem kleinen Lärchenwald, um wenig später am Fuße der Wand aufzutauchen und über den Almboden in unsere Richtung herüberzujagen. Das war die Gelegenheit. Ich griff nach dem Gewehr. Der erste Bock, ein recht strammer Bursche mit auffallend hoher, aber enger Krucke, war schon unten im Bergwald verschwunden. Der Platzbock verfolgte ihn in den Wald hinab, blieb eine Zeitlang aus, um dann überraschend direkt unter uns aufzutauchen und langsam auf seiner eigenen Fährte im tiefen Schnee wieder zurückzuwechseln. Und wie ein schwarzes Denkmal stand er plötzlich drüben auf der Kante eines steil zum Bachbett abfallenden Felsens. Irgend etwas mußte er bemerkt haben, denn er sicherte mißtrauisch zu uns herauf, und sein Bart stand hoch aufgerichtet und spielerisch im Wind. Ein guter, nicht allzu weiter Schuß war es da hinüber. Aber wenn der Bock vorne über die Wand hinabstürzte, konnte er möglicherweise in einer Spalte des nur teilweise überfrorenen und doch recht stark dahinziehenden Bergbaches verschwinden, und er mußte doch früher oder später einen Schritt zurück von der Kante machen. »Warte noch«, flüsterte auch mein Begleiter. Aber plötzlich, so als hätte er uns voll in den Wind bekommen, hob es den Bock von der Felskante weg. Mit einem wütenden Pfiff flüchtete er zurück über den Almkessel; ohne ein einziges Haberl zu machen, verschwand er einmal in einer Bodenmulde, tauchte wieder auf und blieb dann drüben am Fuß der Wand noch einmal zögernd stehen. Sehr klein war nun der Gams im vierfachen Zielfernrohr. Ich zögerte mit dem Schuß. »Versuch es halt und ziel ihn sehr hoch an«, ermunterte mich der Jäger.

Und dann war der Schuß auch schon draußen. Im Knall glaubte ich den Gams wegtauchen zu sehen, fort war er. Aber mein Begleiter war optimistisch: »Sauber gefallen ist er, Weidmannsheil!« sagte er voller Freude und schob sein Spektiv zusammen. Doch ich war nicht ganz überzeugt von meinem plötzlichen Weidmannsglück. Ohne sichtbares Zeichen war der Bock abgesprungen. Tief in meinem Innersten nagten die Zweifel und sagte eine skepti-

Die Gamsjagd ist die Königin
der Jagd:

Sie fordert Mut, Charakterreife
und Standhalten.

Nichts erhebt den Jäger mehr
und befreit seinen Geist

als der Gang ins Gebirge.

Der Glanz jenseitiger Ferne,

der über dem wolkennahen Gebirge
liegt,

umschimmert auch die Gamsjagd.

EUGEN WYLER

Wenn der »Obere«, der Nordwind, bläst.

Im Schneetreiben

sche Stimme, der Bock ist gefehlt, und sie war stärker als alle künstlich hochgehaltene Freude.
Dann stapften wir durch den tiefen Schnee über den Almboden hinüber zum Anschuß. Zuerst hatte mich noch die Aussage des Jägers beflügelt, daß der Bock doch sicher getroffen sei. Doch je mehr wir uns dem Anschuß näherten, um so mehr wuchsen meine Zweifel. Zu ruhig blieben die beiden Schweißhunde meines Begleiters, und auch er selber wurde immer schweigsamer, und als wir dann am Fuße der Wand standen, fanden wir zwar den Einschuß im Harstschnee und ein Büschel Barthaare, aber keinen Bock. Ich hatte den Gams, die Entfernung überschätzend, wahrscheinlich zu hoch angezielt und der Schuß war durch die Barthaare durchgezischt. Ein Büschel schwarzglänzender und an ihrem langen Ende weißbereifter Barthaare hatte uns der Bock wie zum Hohn hinterlassen. Er selber war in seinem Reich der rauhen Felsen und Latschen verschwunden. An diesem Tag ist er nicht mehr aufgetaucht.
Es wurde dann noch ein recht abenteuerlicher Abstieg. Am späten Nachmittag war stürmischer Föhn übers Gebirge gekommen und hatte die tiefe Schneedecke aufgeweicht. Von den steilen Hängen lösten sich nun Lawinen, und von überall her war ihr gefährliches Dröhnen und Grummeln zu hören. Wir hatten uns wieder zu den Almhütten hinüber verzogen. Das war ein – wie uns schien – sicherer Platz. Sie standen vorne auf der Kante eines großen Bühels und dahinter lag ein recht tiefer Kessel, über den sich allerdings der Hang lang und steil bis zu den Felswänden hinaufzog. Der Rückweg über den weiten, tief verschneiten Almkessel hatte uns ermüdet, und als wir nun in der Mittagssonne an der Südseite der Almhütten etwas ausruhten, wurden wir plötzlich durch einen explosionsartigen Knall aufgeschreckt. Ich lief instinktiv um die Hütten herum und sah schon den ganzen Schneehang über den Hütten mit gewaltigem Dröhnen und Krachen direkt auf uns zukommen. Zu klein schien mir der Kessel hinter den Almhütten um diese ganzen Schneemassen zu fassen, und ein lähmender Schrecken schoß mir durch alle Glieder. Im selben Augenblick warfen wir uns ganz eng ans Gemäuer der Almhütten hin, und schon hatte uns eine riesige Schneewolke eingehüllt, es wurde dunkel, und die

Dachschindeln flogen uns um die Ohren, und feiner Schneestaub legte sich auf Gesicht und Hände.
Dann war der Zauber mit einem Schlag vorbei, der Schneestaub legte sich, die Sonne strahlte wieder, wir schlugen uns lachend den Schnee aus den Kleidern und wunderten uns, daß eigentlich nichts passiert war. Doch als wir nun hinter die Hütten gingen, wurden wir recht kleinlaut: Meterhoch lagen die Schneemassen in dem weiten Almkessel und hatten ihn ganz bis zum Rand gefüllt, und die Ausläufer der Lawine waren bis auf wenige Meter an die Almhütten herangekommen.
An einen Heimweg auf dem Steig, auf dem wir heraufgekommen waren, war nun nicht mehr zu denken. Die wenigen Abschnitte des Weges, die man von der Alm aus einsehen konnte, waren von braunschwarzen Naßschneelawinen verschüttet, und immer wieder brachen hoch oben an den Hängen weitere Schneebretter ab, und staubend wälzten sich die Schneemassen zu Tal. Wir mußten zuwarten, bis es wieder etwas kälter wurde, und auf einem weiten Umweg stiegen wir schließlich zu Tal, das letzte Stück in der schon hereinbrechenden Dunkelheit im matten Schein einer Taschenlampe.
Dann kam noch eine Woche mit viel Neuschnee dazu, und als wir an einem bleigrauen Morgen noch einmal zur Alm aufstiegen, um nach dem Bock zu schauen, war die Gamsbrunft schon weit fortgeschritten, und es war sehr fraglich, ob sich der starke Bock mit seinem Scharl Geißen noch oben in den Wänden aufhielt. Nur mühsam erreichten wir wegen des vielen Neuschnees an diesem Morgen die Alm, und zunächst blieb drüben in den Wänden alles ruhig. Erst am späten Vormittag tauchten hoch oben auf einer aper gefegten Kante plötzlich Gams auf, kleine schwarze Punkte im Grauweiß von Felsen und Schnee. Die Gams wechselten in einer Gänsereihe quer durch einen steilen Schneehang auf einen Lahner hinüber, wo mehrere Schneebretter abgerutscht waren und nun Äsung zu finden war. Dort ästen sie ruhig und dicht beisammen, und etwas erhöht über ihnen tauchte nun plötzlich ein weiteres Stück auf. Im Spektiv erkannte ich sofort den Bock, »unseren« Bock: Unverkennbar war die starke Krucke mit der weiten Auslage und dem scharfen Hakel, und nun, als sich der Gams abdrehte, seine Breitseite zeigte und im Blädern den Bart hoch aufstellte, sah ich noch etwas: Etwa in der Mitte des Rückens fehlte in der Haarpracht ein schmaler Streifen: Dort mußte die Kugel knapp am Rückgrat vorbei durchgezischt sein. So knapp war es ihm damals ans Leben gegangen, und nun stand er sicher und unerreichbar hoch oben in den winterlich abweisenden Wänden. Und fast als hätte er meine Gedanken erraten, sagte der Jäger neben mir plötzlich: »Da oben, da sind früher schon Gams geschossen worden. Die alten Jäger sind immer in die Wände hinaufgestiegen und haben von einer Kante zur anderen geschossen. Es ist halt ein mühseliger Weg da hinauf, kein richtiger Steig, sondern mehr ein Gamswechsel, und man muß schon gewaltig aufpassen, daß man sich in den Felsen nicht versteigt und daß einen die Gams nicht zu früh bemerken.« Nun, wenn es früher möglich war, dann mußte es auch jetzt noch gehen, und, ganz abgesehen davon, es war die einzige Chance, den Bock doch noch zu bekommen.
Voller Zuversicht stapften wir durch den tiefen Schnee über den Almboden hinüber, suchten drüben am Fuß der Wände den richtigen Einstieg in das Steilgelände, und als wir nach langem Aufstieg endlich jene Felskante erreichten, von der man den Hang einsehen konnte, wo die Gams zuletzt gestanden waren, hatte das Wetter umgeschlagen. Die Bergspitzen über uns waren plötzlich in Wolken und Nebelschwaden gehüllt, ein stürmischer Wind blies von der Höhe und trieb uns die Schneeflocken kalt prickelnd ins Gesicht. Zunehmend mehr versank die Bergwelt um uns im müden Grau eines verschneiten Spätnovembertages.
Aber die Gams waren noch da. Sie ästen drüben auf den aperen Stellen des Steilhanges, und der zunehmend dichter werdende Schneefall hüllte sie langsam ein, und der Schnee verfing sich in ihrem zottigen, schwarzen Winterfell. Das waren vier Altgeißen und vier Kitze, zwei Jahrlinge und zwei etwa zweijährige Junggeißen. Nur der Bock, der Bock war nicht mehr da, und er blieb zunächst verschwunden. Der Wind wurde nun immer stärker, er heulte über die Bergkante und trieb den Schnee in langen, weißen Fahnen zu Tal. Nur mehr schemenhaft waren die Gams drüben am Hang zu sehen. Immer dichter fielen die Flocken. Und schon frühzeitig begann es zu dämmern. Was sollten wir tun? Auf eine Aufhellung warten? Und der Wintersturm tobte immer heftiger vom Berg, rüttelte an Latschen und Bäumen, wehte uns den Schnee ins Gesicht, und tief unter uns rauschten die Bergwälder auf, ächzten und stöhnten die alten, knorrigen Stämme, und das alles vermischte sich zu einer einzigartigen, schaurig-schönen Wintermelodie, die einem das Herz in Kälte erstarren ließ. Da oben, in den fast nackten Felsen, auf den hart gefrorenen, kirchturmdachsteilen Lahnern, wo der einzige schmale Steig teilweise vereist oder von meterhohen Schneewächten überlagert war, durften wir unter keinen Umständen von der Dunkelheit überrascht werden. Und frühzeitig kommt im

Ein Anblick, der den Bergjäger immer wieder fasziniert.

Vor der Burgumerberg-Hütte

späten November die Nacht, zumal wenn es stürmt und schneit. Wir mußten also schnellstens umkehren, denn selbst wenn wir noch zum Schuß kamen, dann würde es fast unmöglich werden, den Gams noch zu bergen, und schon morgen konnte meterhoher Neuschnee das Gebirge erneut verschließen und jeden Aufstieg unmöglich machen. Noch einmal warfen wir einen Blick hinüber zum Lahner, der jetzt völlig im grauen Weiß des Schneeabends versank. In der Mitte des Hanges – nur mehr schemenhaft zu erkennen – stand noch immer das kleine Scharl Gams. Und einen Schrotschuß darüber, auf einer Felsnase, war nun plötzlich ein weiteres Stück aufgetaucht. Unbeweglich stand es vorne auf der Kante und schaute zu den Geißen hinab, und das konnte eigentlich nur, ja mußte der Bock sein. Im letzten Licht war er wieder aufgetaucht, war von einem langen Erkundungsgang quer durch die Wände zurückgekehrt, aber für einen sicheren Schuß war es nun zu spät. Im Zielfernrohr war der Gams kaum noch zu sehen. Es war nichts mehr zu machen. Wir mußten uns unverrichteter Dinge an den Abstieg machen, und enttäuscht und abgeschlagen kletterten wir zurück, hangelten uns teilweise im Fels von Latsche zu Latsche, und als wir endlich, bei hereinbrechender Dunkelheit, gesund und heil am Fuß der Wände standen, atmeten wir trotz allem erleichtert auf.

Der starke Bock hat oben in den Wänden noch ein paar Tage gebrunftet. Dann ist er spurlos verschwunden. Es kam in jenem November ein harter Winter mit sehr viel Schnee und großer Kälte übers Gebirge. Vielleicht ist er wie so viele Gamsböcke, wenn ein strenger Winter auf eine kräftezehrende Brunft folgt, erschöpft eingegangen. Vielleicht ist er aber auch rechtzeitig tiefer gewechselt, hinab in die schützenden Waldberge, ins dichte, wärmende Latschendickicht sonniger Hänge und hat dann im nächsten Jahr – wenn überhaupt – an einer ganz anderen Bergseite gebrunftet.

So kann es gehen – aber auch durchaus anders. Wie damals, als wir zur Zeit der ausklingenden Gamsbrunft durch ein tief ins Felsmassiv der Dolomiten eingeschnittenes Hochtal aufgestiegen waren. In den Wochen zuvor war viel Schnee gefallen, und es war außerdem sehr kalt. Faßte man mit nackter Hand an

Da kommen die Brunftgams.

Und schon beginnt das wilde Treiben der Böcke.

In vollem Lauf über den Berg

den Gewehrlauf, so blieb die Haut am kalten Stahl hängen. Nur dick vermummt konnte man sich damals im Gebirge bewegen, und eine unfreiwillige Nacht im Freien hätte wahrscheinlich niemand überlebt. Trotzdem wollten wir uns von einer Pirsch auf den Brunftgams nicht abhalten lassen. Aber schon der Aufstieg war recht mühselig. Der Jäger stapfte auf Schneereifen vor mir her, und ich ging in seiner Spur, sank dabei aber immer wieder bis zum Bauch im Schnee ein. Endlich hatten wir die Höhe des kleinen Seitentales erreicht, von dessen Boden aus man weite Hänge und Lahner überblicken konnte. Am Rande eines schütteren Lärchenwäldchens machten wir halt. Hinter uns stieg die Schattenseite sehr steil bis zu den Felswänden hinauf an, und ab und zu querte eine einzelne Gamsfährte den tiefverschneiten Hang. Hier war wohl nicht viel zu erwarten, aber drüben auf der Sonnenseite hatte der Wind den Hang aper gefegt. Aber auch dort ließ sich vorläufig kein Gams blicken, und wir standen hier im kalten Schatten des Tales, und es war wirklich saukalt und kaum zum Aushalten. »Macht nix«, sagte der alte, schnauzbärtige Jäger, »zuwarten müssen wir auf jeden Fall, machen wir uns halt ein Feuer.« Feuermachen, hier, der war ja gut. Rundum war nur Schnee, nichts als Schnee. Kein einziges trockenes Plätzchen. Mein Begleiter schien meine Gedanken erraten zu haben. Er kratzte Baumbart von den alten Lärchenstämmen, legte ein paar dürre Äste darauf, schob ein Stück brennendes Zeitungspapier darunter, und schon hatte er direkt auf der Schneedecke ein zwar stark qualmendes, aber wärmendes Feuer entfacht. Nun ließ es sich aushalten, und später mußte ja die Sonne kommen, und wenn dann auch noch ein Gamsbock kommen würde, dann würde uns bestimmt warm werden.

Wir suchten mit den Gläsern den Hang vor uns ab, der über dem Lärchenwald zunächst sanft anstieg, oben etwas steiler wurde und dessen Grat dann zwischen zwei recht steilen Felsnasen fast waagrecht verlief. Da oben am Grat lag ein großer länglicher Stein und genau auf diesem Stein hatte sich ein, wie mir auf den ersten Blick schien, recht starker Gams niedergetan. Das war, das konnte eigentlich nur ein Bock sein. Ganz plötzlich, während wir mit dem Feuermachen beschäftigt waren, mußte er von der

Das Gamsbartrupfen muß gekonnt sein.

Mit dem schweren Bock im Rucksack über den Steilhang

Glücklicher Gamsjäger

Liebesspiel im Steinkar

Hinterseite aufgetaucht und über den Grat gewechselt sein. Wahrscheinlich steckten hinterm Grat noch mehrere Gams, und das war der Brunftbock. Mein Pirschführer holte sein Spektiv aus dem Rucksack, schaute sich den Gams lange und sorgfältig an und sagte dann: »Der, wenn wir den bekämen, der würde schon passen.« Aber der Bock war unendlich weit oben am Berg. Jetzt ging die Sonne auf, und die ersten Strahlen hatten ihn voll erfaßt, und im Glas sah ich, daß es tatsächlich ein reifer, starker Bock war, mit sehr hohen, nicht besonders weiten, aber pechigen Krucken. Weitere Gams wechselten jetzt, da die wärmenden Sonnenstrahlen lockten, von der schattigen Hinterseite auf den Grat; Geißen mit Kitzen, einige Jahrlinge, ein richtiges Brunftrudel. Einmal verschwand der Bock blitzartig hinterm Grat, da hatte sich wohl ein Nebenbuhler herangewagt. Er tauchte dann aber kurze Zeit darauf wieder auf und umkreiste mißtrauisch seine Geißen. Der Bock war da oben auf dem Grat für uns unerreichbar. Aber dann – wie übrigens oft bei der Gamsjagd – war plötzlich alles ganz anders. Knapp über uns querten eine Geiß und ein Kitz den Hang. Der Bock oben am Grat warf auf, sicherte lang zu den beiden herab und setzte sich dann zögernd in Bewegung, den Hang herab, in unsere Richtung. Jetzt war er schon so tief, daß die Lärchen vor uns die Sicht verdeckten, und wir mußten durch den schütteren Wald höher hinauf, um wieder freie Sicht auf den Hang zu gewinnen. Das war im tiefen Schnee gar nicht so einfach, und völlig außer Atem kamen wir schließlich auf eine Lichtung, von der aus man wieder freien Blick auf den Hang hatte. Und da stand nun der Bock oben etwa in der Mitte des Hanges, die Geiß mit dem Kitz war ihm inzwischen entgegengezogen. Und nun mußte sie uns gesehen haben, denn aufmerksam sicherte sie zu uns herab, und schon stieß sie ein paar ärgerliche Pfiffe aus und setzte sich zügig aufwärts in Bewegung. Dann drehte sich auch der Bock ab und wollte ihr folgen. Jetzt mußte ich schnell schießen. Vor mir auf der Waldlichtung lag eine große Baumwurzel, ich quetschte den Rucksack unter die Büchse, und klein, sehr klein stand der Bock im Zielfernrohr meiner alten Ferlacher Bockbüchse. Aber bevor er den Grat erreichte, mußte ich den Schuß beim nächsten Haberl wagen. Und dann

blieb er tatsächlich noch einen Augenblick stehen, und der Schuß donnerte über das Tal hin und im Feuer war der Bock verschwunden, hineingesprungen in einen Graben und wieder fort aus unserer Sicht. Als ich den Jäger zweifelnd anschaute, lief ein Lächeln über sein altes, braungebranntes und gekerbtes Bauerngesicht, und es war ein Lächeln voll väterlicher Güte und auch Freude, und er nickte und sagte: »Gut hast du's gemacht. Der Bock liegt oben. Ich habe ihn fallen gesehen.« Und er steckte auch mich an mit seiner Begeisterung und alle Spannung wich nun.
Und es wurde noch eine mühselige Schinderei den steilen, tiefverschneiten Hang hinauf. Und der Bock lag tatsächlich oben in einem kleinen Graben, hingestreckt im tiefen Pulverschnee, und schon von weitem sah ich seine hohe, starke Krucke mit den pechigen Schläuchen. Dann saßen wir noch lange am nun sonnig angewärmten Hang, und unsere Blicke schweiften weit über die Dolomiten, die bleichen Berge und Zinnen hinweg bis hinunter zum mächtigen Marmolata-Stock, hinter dem irgendwo in der seidigen Weite des Südens das Mittelmeer liegen mußte und dann wieder zurück zu dem schwarzen Gams im blendenden Schnee, und wir waren still und ganz einfach glücklich und auch etwas andächtig im Bewußtsein, daß man Tage wie diese wohl an den Fingern einer Hand abzählen konnte, und gleichzeitig voller Hoffnung und vielleicht auch Illusionen, daß diese Pirsch auf einsamen Höhen auf ewig weitergehen würde.

Und dann, wenn die Gamsjagd vorbei und alles gutgegangen ist, ist man ganz einfach nur noch dankbar und tief im Innersten glücklich, und der Blick schweift vom schwarzen Bock hinüber zu den Bergen und hinauf zum Himmel, wo das letzte Licht verstrahlt und die ersten Sterne aufleuchten. Unten im Tal brütet schon blauschwarz die Nacht, und es ist Zeit zu gehen, den Bock in den Rucksack zu packen, nach dem Bergstock zu greifen und im Dämmerlicht den Steig zu suchen, der unter der Felswand entlang in die Tiefe führt.

Später Altweibersommer im Bergwald

Zirbelhäher im Gegenlicht

Ein starker Berghirsch tritt aus dem Hochwald.

Der Herbst bräunte tiefer das Land. Die Hirsche schrien in den Wäldern. In den Nächten fiel Reif, und des Morgens glitzerten die Wiesen, ehe die Sonne über die Seiser Alpe hervorkam, wie überstäubt von Schnee. Und häufig noch bis über Mittag schwand der Hauch des Frostes nicht aus den Schattenmulden und aus den Furchen der still gewordenen Bäche. In diesen Tagen fiel die letzte goldene und rote Buntheit des Laubes von Bäumen und Sträuchern, so daß alle Lebendigkeit gleichsam ausgelöscht und von dem großen braunen Einton der Landschaft aufgesaugt schien.

HUBERT MUMELTER

Eine große Unruhe hat nun …

… das Rotwild erfaßt.

Die Hirsche sind auf der Suche nach brunftigen Tieren.

Zum Beschlag kommen meistens nur die Stärksten.

Nach der kräftezehrenden Brunft erholt sich der Platzhirsch in der Suhle.

Oben in der Felswand steht der Steinbock mit den sichelförmigen Hörnern und sammelt Kraft und Energie für den Winter.

Schneehase und Schneehuhn …

… sind nun schon weitgehend verfärbt.

Der Steinadler schlägt auch den Fuchs.

Was für ein Anblick: ein alter Steinbock, uriges Wild

Die Gamsbrunft beginnt.

Den ganzen Tag sind die Böcke nun unterwegs …

… und jagen sich gegenseitig …

… über Hänge und Täler.

Und manchmal hilft auch …

… die Flucht vor dem Platzbock nicht mehr.

Dann muß eben gekämpft werden.

Die spitzen Gamskrucken sind eine gefährliche Waffe.

Der erste Schnee hat ihn überrascht.

WINTER

Winter im Hochtal

Stille Tage in den Bergen

Als der große Sturm nachließ, begann es sanft zu schneien, und Stunde um Stunde wurde der Schneefall dichter, und die Welt versank im weißen Herabrieseln der Flocken, das Himmel und Erde vereinte und die schartige Trennlinie der Berge verwischte. Das Tal versank im Schnee, und die Stille lastete wie ein schwerer Traum über den Bergen. Der Schnee verschluckte jeden Laut und jedes Geräusch und dämpfte die Schritte von Mensch und Tier, und nur manchmal hing der traurige Ruf der Jochraben als einziges Lebenszeichen über der Winterlandschaft. Doch dann riß die graue Wolkendecke auf, das Blau des Himmels überschattete die weißen Schneeflächen, und in blendender Fülle stürzte das Sonnenlicht in das enge Tal und ließ die Schneekristalle kalt funkeln und glitzern.
Ich war über den Holzzieherweg in den Bergwald hinaufgestiegen und hatte Heu zur Rehfütterung gebracht. Es war ein sehr kalter Morgen, und der gefrorene Schnee greinte unter den Schuhen, und die Luft legte sich prickelnd auf die Haut. Ich trug einen großen Korb voller Wiesenheu hoch hinauf in den Bergwald und das würzige Aroma der Heublumen vermischte sich mit dem bitteren Harzgeruch des Waldes, und das war der Dunst von Heimat und Heimatbergen, und dieser und das sanfte Licht des Morgens, das über den Schneefeldern lag, stimmten mich glücklich und zufrieden.
Unter dem Dach der Rehfütterung hatte ich die Skier mit den Steigfellen versteckt, und nun schnallte ich sie an und stieg über die Waldgrenze auf die Alm hinauf. Tief verschneit lag der Almboden da und ich zog eine gradlinige, scharfe Spur durch die weite Fläche, und als ich vor den Almhütten saß, sah ich weit oben auf dem vom Wind aper gefegten Grat Bewegung. Steinwild zog über die Schneide zu den

In Schnee und Eis erstarrt

Gletschern hinauf, und es war große Unruhe im Rudel, und immer wieder stießen zwei Böcke zusammen, und der Schlag ihrer mächtigen Hörner dröhnte bis zur Alm herab. Jetzt war die Brunft des Steinwildes voll im Gang, und ich konnte mich gar nicht satt sehen an den mächtigen, kraftvollen Tiergestalten, die spielerisch die Felswand erklommen, sie auf einem Band querten und deren Silhouetten mit den langen Hörnern dann noch lange oben am Grat schwarz vor dem kupfernen Winterhimmel standen, ehe sie mit einem Sprung verschwanden. Schnell vergeht so ein Wintertag gegen Jahresende. Ich sah den Flugspielen der Steinadler zu, die über der Alm kreisten, und hörte den Schrei der Kolkraben, das Lärmen der Kreuzschnäbel und das feine Vispern der Haubenmeisen und Goldhähnchen in den alten Bäumen hinter den Hütten. Dann fuhr ich durch den Winterwald hinab ins Tal, ich spürte, wie mir die kalte Luft aus der Tiefe entgegenschoß, und hörte nichts mehr als das Seufzen der Gimpel in den Gipfeln der Lärchen und das Sausen des Fahrtwindes. Oben auf den Gletschern spiegelte sich noch das Abendrot, aber unten im Tal lagen schon blaue Schatten, und rauchige Kälte stieg aus Gräben und Schluchten. Im Bergwald bellte heiser ein Fuchs, und ich fuhr auf den Skiern quer über die Felder dem kleinen Dorf entgegen, dessen Häuser unter den Schneemassen ängstlich zusammengerückt schienen.

Im Wintereinstand treffen
Gams- und Steinwild zusammen.

Auf Gamsjagd unterm Hochferner

Gamswinter

Kurz ist so ein Jagdtag im Dezember. Der Gamsjäger, der weit ins Gebirge hinaufsteigt, muß schon bei Dunkelheit aufbrechen, da es nun, in der Zeit der längsten Nacht des Jahres, erst spät und zögernd hell wird. Schneit es in der Früh, so will das Licht manchmal den ganzen Vormittag nicht richtig kommen, und die wenigen Stunden der Jagdzeit gehen schnell vorbei, und ehe man sich's versieht, dämmert schon wieder der Abend. Ist man hoch oben in den Bergen und hat gar noch so manchen gefährlichen und vielleicht auch noch vereisten Steig durch abschüssiges Gelände, durch steiles Gewänd zu bewältigen, ist es ratsam, die Jagd am späten Nachmittag abzubrechen und sich noch bei gutem Tageslicht auf den Heimweg zu machen. Auch ist es von Vorteil, immer eine Taschenlampe im Rucksack mitzutragen, denn man weiß ja nicht, wie so eine Gamsjagd endet und wohin man zu bereits nachtdunkler Stunde noch gehen oder klettern muß.

Im steilen Gelände kann eine Gamsjagd im Winter zu einer durchaus sportlichen und mitunter auch gefährlichen Bewährungsprobe werden. Und doch ist sie voller Reize und Stimmungen. Ein ganz besonderes Licht liegt an diesen späten Tagen des Jahres über dem Gebirge. Blendend hell und doch ohne jede Wärme sind die Sonnentage, und sind die Nächte kalt und klar, dann stehen die Sterne groß und leuchtend am Firmament, und die meist schon geschlossene Schneedecke reflektiert ihr Licht, so daß die nächtliche Landschaft in all ihrer bizarren Schönheit von einem ganz seltsamen Leuchten und Flimmern erfüllt ist. Bleigrau und schwer sind die Tage, wenn sich düsteres Schneegewölk über Gipfel, Grate und Hänge herabsenkt und die Welt im weißen Rieseln der Flocken versinkt.
Nun rundet sich das Jahr ab, und die Jagdzeit geht dem Ende zu. Meist sind in dieser Zeit die Berge schon tief verschneit. Weihnachten steht vor der Tür

Da steht der schwarze Bock wie ein Monument in der Winterlandschaft.

Im tiefen Schnee

und schlägt auch den Jäger in seinen Bann. Im Ausklingen ist die Jagdzeit, die Gamsbrunft oft schon vorbei, und der Jäger muß noch schnell ernten, was zu ernten ist. Und doch ist die Zeit gut, sich noch so manchen reifen Bock zu holen, der während der Brunft seinen alten Einstand verlassen hatte und einfach unauffindbar war, da ständig unterwegs und auf der Suche nach brunftigen Geißen und herumgetrieben von jenem Urtrieb, der alles Leben bestimmt und der nun, nach den Strapazen des Brunftgeschehens, abgekämpft und müde in sein altes Revier zurückgekehrt ist und ganz auf Ruhe und Äsung bedacht ist.

Es gibt zwei Gruppen von Gamsjägern: Die eine hat es vorwiegend auf die Gamskrucke als Trophäe abgesehen, während die andere vor allem einen ganz besonderen Gamsbart von der Jagd mit nach Hause bringen möchte. Dem Gams wachsen die Barthaare nicht, wie oft vermutet wird, am Kinn, so wie dem Steinbock oder der Hausziege, sondern am Rücken. Sie bestehen im wesentlichen aus den Leithaaren, die am Rücken besonders entwickelt sind. Einen Bart hat übrigens nicht nur der Gamsbock, sondern auch die Geiß und sogar das Kitz, wobei jener der Geiß nicht so lang wird wie beim Bock. Barthaare mit einer Länge von mehr als 16 Zentimetern gelten als gut, sie können aber bis zu 23 Zentimeter lang werden. Ihre Farbe ist Schwarzgrau, Schwarzbraun bis Glänzendschwarz, wobei letztere besonders begehrt sind. Die Spitzen sind meist gelblich oder weiß und bilden den sogenannten »Reif«. Bärte ohne Reif gelten als »blind«. In bestimmten Jägerkreisen ist der Gamsbart auch in unserer Zeit noch eine wertvolle, ja teure Trophäe und ein nicht alltäglicher Hutschmuck, der bei festlichen Anlässen mit Stolz getragen wird. Vor allem in Bayern werden bei Ausstellungen und Versteigerungen, den sogenannten Gamsbart-Olympiaden, erstaunliche Preise erzielt. Aber eigentlich ist der Gamsbart immer schon mehr, nämlich ein richtiger alpenländischer Mythos gewesen, um dessen Erbeutung sich oft die tollsten Geschichten ranken und bei denen mitunter auch schon Blut geflossen ist. So richtig ausgereift ist der Gamsbart erst im Dezember, und wenn man den ganz alten Jägern Glauben schenken mag, dann erreichen die Barthaare ihre volle Länge überhaupt erst im Februar, wenn die Jagdzeit längst vorbei ist. Für die eigentlichen Gamsbartjäger hat die Jagd früher jedenfalls kaum einmal vor dem

Den prächtigsten Bart haben meistens die jungen Böcke.

Nikolaustag, dem 6. Dezember, begonnen. Das war in Tirol und Bayern Jagdtradition, und an die hielt man sich eisern und versuchte, den Erntetag soweit wie nur möglich in den Dezember hineinzuschieben, in der Hoffnung, daß durch die zunehmende Kälte der Bart ganz besonders prächtig reifen würde.
Auch wenn man kein Interesse daran hat, sich einen Gamsbart an den Hut zu stecken, der winterliche Gams in seiner ganzen Pracht, wenn er kraftvoll und mit wehendem Bart durch den Tiefschnee pflügt, ist immer ein ganz besonderer Anblick, der bei vielen Jägern das Herz gewaltig höher schlagen läßt.
Überhaupt kommt es bei der Gamsjagd nicht so sehr auf die Güte und Stärke der Trophäe an, sondern vor allem das Jagderlebnis ist ausschlaggebend.
Vielleicht hängt das auch damit zusammen, daß sich die Gamsjagd vor der herrlichen Kulisse einer grandiosen Bergwelt abspielt, daß man den Gams oft tatsächlich mit viel körperlichem Einsatz erkämpfen und damit auch im wahrsten Sinn des Wortes »erleiden« muß. Der im winterlichen Hochgebirge weidmännisch erlegte Gams ist meistens redlich verdient.
Ich habe sogenannte große Trophäenjäger erlebt, die angesichts ihrer kapitalen Hirschgeweihe zunächst abschätzig über die schlichten Gamskrucken und die Gamsjagd geredet haben, später aber ihr ganz verfallen sind, als sie begriffen, worum es wirklich geht. Denn das Gamsfieber gibt es tatsächlich. Und wen es einmal gepackt hat, den läßt es nicht mehr so schnell los.
So war es mir auch in jenem Dezember ergangen. Zwar hatte ich einen starken Bock in Aussicht, aber während der Brunft war der Bursche nicht zu bekommen und dann eine Zeitlang verschwunden gewesen. Doch kaum war die hohe Zeit des Gamswildes ausgeklungen, entdeckten wir ihn – mein Pirschführer und ich – an einem strahlend schönen Dezembertag weit über der Waldgrenze an einem steilen und weitgehend noch aperen Lahner. Dort hatte sich der Bock nach kurzer Äsung im ersten Sonnenlicht niedergetan. Wir beobachten ihn von der gegenüberliegenden Talseite aus. Und so nahe er von hier, in direkter Luftlinie gesehen, auch schien, man mußte von unserem Standpunkt aus doch in eine tiefe, wilde Schlucht hinab – und auf der gegenüberliegenden Seite wieder hinaufsteigen, um auf einen guten Schuß heranzukommen.
Nun war die Brunft sichtlich ausgeklungen. Das

Die kleine Alm, eine schützende Arche in der sturmumtosten Winterlandschaft

Gamswild hatte sich beruhigt und war gleichmäßig in kleinen Scharln über die weiten Lahner verteilt. Im Spektiv schaute ich mir den Bock noch einmal genauer an: Es gab nicht den geringsten Zweifel, es war der Bock, auf den ich es die ganze Zeit über abgesehen hatte und der mir durch die nicht besonders hohe, dafür aber umso stärkere und pechige Krucke immer aufgefallen war. Und noch ein Merkmal ließ ihn unverwechselbar erscheinen: Er hatte einen besonders langen, schwarzen Bart, der sich bei jedem Windstoß aufrichtete und dann an der Seite herunterfiel. Richtige Gamsbärte sollen ja nicht wie eine Bürste strammstehen, sondern sich im Wind wie ein Ährenfeld bewegen.
Nun galt es schnell zu handeln, denn da, wo sich der Bock niedergetan hatte, war er von einem tiefer gelegenen Kamm aus mit einem ordentlichen Schuß zu erreichen. Während mein Begleiter zurückblieb, um mich gegebenenfalls von der Höhe aus einzuweisen, stieg ich in die Schlucht hinab, querte sie, was gar kein leichtes Unterfangen war, da auf ihrem Grund schon eine Menge Schnee lag, und gewann dann, durch das Stapfen im Schnee schon ziemlich ermüdet, endlich die Höhe auf der anderen Talseite. Aber als ich den vom ursprünglichen Standpunkt aus anvisierten Hang erreichte, versperrte mir ein Latschenfeld die Sicht auf den Buckel, wo der Bock zuletzt gelegen hatte. Mit dem Glas schaute ich zu meinem Pirschführer zurück, und der gab mir mit aufgeregten Handzeichen zu verstehen, daß mich der Bock wahrscheinlich in den Wind bekommen hatte und am Hang höher gewechselt war.
Mir blieb also nichts übrig, als das Gewehr für einen weiten Schuß gut herzurichten und abzuwarten.
Über mir zogen sich die steilen Lahner bis zum Felsgrat hinauf. Überall standen als kleine, rabenschwarze Punkte Gams am Hang. Während sonst schon viel Schnee lag, waren an dem steilen Hang einzelne Schneebretter abgerutscht, und die Gams fanden auf den braunen Flecken wieder genügend Äsung, und sie standen nun den ganzen Tag dort oben, um sich vor dem nächsten großen Schneefall den Pansen richtig vollzuschlagen.
Es dauerte nicht lange, da tauchte weit über mir auf einem Felsband der Bock auf. Er mußte mich tatsächlich in den Wind bekommen haben, denn er sicherte mißtrauisch herab. Im vierfachen Zielfernrohr sah er recht klein aus, außerdem mußte ich steil

Schneehase und Schneehuhn ...

... stille Mitbewohner im Gamsrevier

nach oben zielen, kein angenehmer Schuß. Und doch durfte ich nicht allzu lange zögern – denn stieg der Bock auf dem Felsband noch höher, dann war er für mich unerreichbar. Aber der Gams stand dann ruhig wie eine Zielscheibe, und ich konnte mir Zeit lassen, sauber zielen und sicher durchziehen. Im Knall stieg der Bock vorne hoch, fiel senkrecht über die Wand herunter und verschwand dann in einem Graben. »Weidmannsheil«, hörte ich meinen Pirschführer von der anderen Seite herüberrufen, denn er sah von seiner Höhe aus alle Schluchten und Gräben ein und hatte beobachtet, wie der Bock zusammengebrochen und dann durch einen Graben abgerutscht war. Der Bock lag also, und es wurde dann eine wilde Steigerei im steilen Gelände, bis ich ihn erreichte. Erst als ich vor dem erlegten Gams stand, war ich beruhigt. Er hatte einen sauberen Blattschuß. Ich machte mich ans Bartrupfen und Aufbrechen, und als ich soweit war, kam mein Pirschführer dahergestiegen. Jetzt setzten wir uns an dem sonnenüberfluteten Hang neben unseren Gamsbock. Da lag das edle Wild in seiner schwarzglänzenden Winterdecke mit den starken, pechigen Krucken im tiefen Schnee, und unsere Blicke schweiften weit übers Tal hinaus. Blau lagen die Winterberge vor uns, hier war es gemütlich und angenehm warm, aber aus der Tiefe des Tales stieg rauchige Kälte auf. Dann machten wir uns auf den Heimweg. Wir hatten die Steigeisen angeschnallt und der, der den Bock gerade trug, wurde vom nachfolgenden am Seil gesichert. So konnte auch ein Stolpern oder ein Fehltritt oder ein Ausrutschen an einer eisigen Stelle rechtzeitig abgefangen werden. Am Waldrand über dem Dorf hielten wir eine letzte Rast. Bläuliche Winterdämmerung lag nun schon über dem Tal, und vom Dorf her grüßten die ersten Lichter und versprachen Wärme und Geborgenheit. Zeit war's, nach Hause zu gehen.
Ein anderes Jahr lag Mitte Dezember schon viel Schnee. Ich hatte noch einen Gamsbock zu erlegen und war mit dem Jäger in aller Früh auf die Alm hinaufgestiegen. Als wir das enge, lawinengefährliche Tal, durch das der Weg hinaufführt, endlich hinter uns hatten und sich der Almkessel groß und weit vor uns öffnete und den Blick auf die mächtigen und bedrohlich wirkenden Gletscher freigab, entdeckten wir ganz hinten am Talschluß, wo schattseitig die Eisströme und Gletscherzungen fast bis ins Tal reichten und sonnseitig der Schnee von den steilen Lahnern abgerutscht war, auf einem aperen Fleck einen schwarzen Punkt. Im Glas sahen wir, daß es ein starker Gams war, der da äste, und es gab dann auch keinen Zweifel, daß wir einen älteren, reifen Bock vor uns hatten, einen, den wir noch nie zuvor gesehen hatten, und dabei waren uns während der Brunft gar einige Böcke im Revier begegnet. Wir mußten einen weiten Umweg machen, um an das Stück heranzukommen, und das Stapfen im tiefen Schnee war ermüdend und schweißtreibend. Außerdem galt es, auf die ganz steilen Gräben und Lahner zu achten, auf eventuelle Windverfrachtungen unterm Grat aufzupassen, denn auf den harten Altschnee war in der Nacht zuvor bei windigem Wetter trockener Neuschnee gefallen, und die Lawinengefahr war nicht zu unterschätzen.
Wir steckten teilweise bis zum Bauch im tiefen Schnee, und wenn da oben ein Schneebrett brach und die Lawine sausend herabkam, war an ein Entkommen nicht mehr zu denken. Auf Kämmen und Graten umgingen wir die gefährlichen Stellen und da, wo es ganz unbehaglich wurde, querten wir in großem Abstand zueinander die gefährlichsten Stellen. Am frühen Nachmittag waren wir mit dem Gams auf einem guten Schuß auf gleicher Höhe. Erst jetzt sahen wir, daß hinterm Grat noch ein ganzes Rudel äste. Der Bock hatte sich alleine etwas abseits niedergetan, und ohne lange zuzuwarten, schoß ich, als der Gams plötzlich aufstand. Im Schuß stieg der Bock vorne hoch, schlegelte deutlich mit einem Vorderlauf in der Luft und entschwand dann mit einem riesigen Satz in einen Graben hinab unseren Blicken. Es gab nicht den geringsten Zweifel, daß das Stück einen Vorderlaufschuß hatte, und das konnte in dem schwierigen Gelände noch ziemlich ungemütlich werden. Während das Rudel über einen Kamm hinaufflüchtete und weit oben hinterm Grat verschwand, war vom Bock die längste Weile nichts zu sehen. Erst viel später tauchte er stark zeichnend am gegenüberliegenden Steilhang auf, für einen Schuß schon viel zu weit entfernt. Die Verletzung war offensichtlich nicht schwerwiegend und behinderte ihn nicht besonders, jedenfalls stieg er zügig über den steilen, von Felswänden durchsetzten Hang hinauf. Da hatten wir also die Bescherung, der Bock hatte wahrscheinlich einen ganz tiefen Laufschuß, vielleicht sogar einen Schalenschuß, damit konnte er noch meilenweit laufen. Wir vereinbarten, daß der Jäger zurückbleiben sollte, um das ganze Gelände zu überblicken, während ich mich dem Gams auf die Fährte heftete. Das war aber leichter gesagt als getan. In den Gräben lauerte die weiße Gefahr, die Lawinen, und dort, wo der Wind die Hänge aper gefegt hatte, war der Boden beinhart gefroren und vereist, aber ich hatte ja meine Steigeisen und den Pickel. Also schlug ich Stufen ins vereiste Gelände, versuchte nicht ans Abstürzen zu denken und fand bald die Wundfährte meines Gamsbockes.

Wie ein Berggeist steht er plötzlich da, der alte, einkruckige Gamsbock.

Oben am Grat kommt einer mit einem »guten« Bart.

Einzelne Schweißspritzer im Schnee, mehr war nicht zu sehen. Am Rande eines Grabens führte die Fährte zunächst hinauf, wechselte dann durch einen besonders steilen Hang nach links in ein teilweise mit Felswänden und Steinplatten sowie vereisten Wasseradern durchsetztes Gelände. Zwar konnte ich der Fährte jetzt noch folgen, aber es wurde mir klar, daß in dem steilen Lahner, wo ich kaum einen Halt finden konnte, ein sicherer Schuß auf weite Distanz fast unmöglich war. Als ich den Steilhang hinter mir hatte, wurde das Gelände etwas flacher, und plötzlich wurde der Bock unweit von mir hinter einem Stein hoch, flüchtete weiter in die Höhe und war dann aber gleich hinter einem weiteren Buckel verschwunden. Ich fand ein Wundbett im Schnee und stellte wiederum fest, daß der Gams nicht viel Schweiß verloren hatte. Auch war mir vorgekommen, daß der Bock sich nun immer mehr erholte und wesentlich schneller flüchtete als unmittelbar nach dem Schuß. Die ganze Angelegenheit sah schlecht aus. Erreichte der Bock den höchsten Grat, hatte er das Spiel so gut wie gewonnen. Auf der anderen Seite des Berges würde er bald ein riesiges Latschenmeer finden, und dort konnte er sich dann verkriechen. Trotzdem wollte ich die Nachsuche nicht aufgeben, denn es gibt für den Jäger nichts Schlimmeres, als oben am Berg ein weidwundgeschossenes Tier zu wissen.

Aber es kam dann doch ganz anders. Beim Höhersteigen glaubte ich dicht unterm Grat oben an einer schattigen Stelle einen dunklen Fleck zu sehen. Es war der Gamsbock. Er war bei seiner Flucht an eine steile Felswand gestoßen, wo er nicht mehr weiterkam, und nun hatte er sich am Fuß der Felsen im Schnee niedergetan und beobachtete mich aufmerksam. Noch ein paar Schritte hinauf, und es mußte für einen guten Schuß reichen. Nun galt es, sauber und ordentlich zu schießen, denn dies war die letzte Chance. Ich zielte auf den Trägeransatz, und im Schuß ließ der Gamsbock das Haupt sinken. Ich atmete auf, ein Stein fiel mir vom Herzen, denn hätte ich gefehlt, wäre der Bock wohl für immer verlorengegangen.

Der Gams blieb zunächst oben liegen, und ich zweifelte, ob ich an diese Stelle im steilen Gelände allein und ohne Sicherung überhaupt herankommen konnte. Denn ich spürte vom vielen Aufwärtssteigen auf dem harten Boden und vom Dahinstapfen im tiefen

Er springt, daß der Schnee nur so staubt.

Und dann steht der Gamsbock auf der Grenzlinie zwischen Licht und Schatten.

Hoch oben im Gamsgebirge

Schnee eine zunehmende, bleierne Müdigkeit in den Beinen, und ich wollte die Gefahr nicht heraufbeschwören. Dort, wo der Wind den Steilhang aper gefegt hatte, war der Boden beinhart gefroren und stark vereist, und weiter unten fielen die Felswände senkrecht in die Tiefe. Da wurde jeder unsichere, müde Schritt zur Gefahr. Lieber wollte ich am nächsten Tag mit einem oder zwei weiteren Jägern, mit Steigeisen, Seil und Pickel aufsteigen und den Gams gesichert holen, als nun alleine und bei zunehmend schwindendem Tageslicht noch in steiles Gelände einzusteigen. Es sind schon viele Jäger beim Gamsholen zu Tode gestürzt, weil sie sich von der überwältigenden Freude über den Jagderfolg verleiten ließen und ihre Möglichkeiten und Fähigkeiten zu hoch und die Gefahr zu gering einschätzten.
Das Leben eines Menschen ist auch der beste Gamsbock niemals wert, und so gilt es, immer mit kühlem Kopf abzuschätzen, ob man einer gefährlichen Situation gewachsen ist oder sich besser zurückziehen und eine günstigere Gelegenheit abwarten soll. Aber manchmal ist auch richtiges Unglück im Spiel, so wie bei jenem bedauernswerten Aufsichtsjäger, der bei einer Nachsuche mit seinem Schweißhund einen hartgefrorenen Steilhang queren wollte, als der Hund plötzlich stürzte, die lange Leine sich in den Beinen des Jägers verhedderte und ihn im steilen Gelände ebenfalls zu Sturz brachte. An dem harten, abschüssigen Hang gab es kein Halten mehr, in sausender Fahrt stürzten Jäger und Hund in die Tiefe, vorbei an einer einzelnen Jungfichte, die vielleicht die letzte Rettung hätte sein können, deren Zweige, nach denen der Jäger griff, aber rissen, und mit einem schrecklichen Todesschrei warf es beide über eine Felswand hinaus, hinab in die schaurige Tiefe.
Noch während ich dieser traurigen Erinnerung nachhing und heißen Tee aus der Thermosflasche trank, ging oben unter der Felswand plötzlich eine seltsame Bewegung durch den schwarzen Wildkörper. Der Bock war zwar nicht mehr zum Leben erwacht, aber an der steilen, rutschigen Stelle, wo er lag, hatte er plötzlich Übergewicht bekommen und stürzte den Hang hinab, immer wieder weiße Schneefahnen aufwirbelnd, wenn er aufschlug. Unweit von mir blieb er liegen. Jetzt mußte ich nur noch ein Stück quer über den Hang hinübergehen, und dann stand ich vor meinem Bock, und ich muß sagen, selten hat mich ein Gams mehr gefreut als

Schauen, immer wieder schauen und beobachten muß der Jäger.

Abstieg über den Steilhang

Wenn der Jäger geht, holt sich der Fuchs den Aufbruch.

dieser. Es war ein herrliches Stück Wild, ein reifer Gamsbock, mit einer schwarzglänzenden, zottigen Decke, die Krucke war gut, der Bart erfreulich, und letzten Endes war diese schwierige Winterjagd, die in einer fast aussichtslosen Nachsuche und einem gefahrvollen nächtlichen Abstieg hätte enden können, gut ausgegangen. Im tiefen Schnee ließ ich den Bock über den Steilhang hinabgleiten und folgte in der breit ausgefegten Spur. Unten wartete mein Begleiter überglücklich, denn er hatte nicht nur um den Bock gebangt, sondern sich auch Sorgen um mich gemacht. Und als ich dann auf den Berg zurückschaute, lief es auch mir eisig über den Rücken. Kalt, abweisend und gefährlich sahen die Bergflanken nun von unten aus, fast schien es unmöglich, daß man sich da oben in den kirchturmdachsteilen, abschüssigen Lahnern frei und ohne Seilsicherung bewegen konnte, und doch war ich nun gesund und heil zurück, und da vor uns lag der alte Gamsbock, und der Wind heulte nun mit Urkraft vom Gletscher herab und trieb uns die Eiskristalle ins Gesicht, und der Schnee verfing sich in den langen Barthaaren meines Gamsbockes, und einmal löste sich weit oben ein Eisbrocken vom Gletscher und stürzte mit blecher-nem Krachen in die Tiefe, und wir beiden Jäger kamen uns ganz klein vor und zerbrechlich, und ergriffen lauschten wir diesem plötzlichen Toben der Elemente, und obwohl wir innerlich erschauerten, waren wir gleichzeitig sehr zufrieden und sehr glücklich und ganz einfach dankbar, noch einmal einen von diesen herrlichen Wintergams vom Berg bringen zu dürfen.

Mein Begleiter packte den Bock an der Krucke und zog ihn über die Lahner und Kare Richtung Alm hinaus. Vor lauter Jagdeifer hatten wir kaum gemerkt, daß die Sonne die letzten Gipfel erreicht hatte und aus dem Tal schon die Winternacht aufstieg. Langsam und nachdenklich stapften wir durch den tiefen Schnee das Tal hinaus, der Alm entgegen. Während hinten am Gletscher der Schneesturm tobte, lag draußen über der Alm ein seltsames, gläsernes Abendlicht. Und schon tauchten fern die Kasern auf, klein und zusammengeduckt unter der Last ihrer Schneehauben, und wir freuten uns auf die Wärme und Geborgenheit der Hütte, sahen uns an dem offenen Feuer sitzen und die alten Jagdgeschichten noch einmal aufwärmen. Die Nacht wollten wir auf der Alm verbringen und erst am nächsten Morgen

ausgeruht und erholt ins Tal hinabsteigen.
Es war jetzt tiefer Winter, die Nacht kam kalt und rauh, wie eine richtige Rauhnacht, und Weihnachten stand vor der Tür: Das war die Stimmung, als jener Jagdtag im Gebirge zu Ende ging, und wir sperrten die Hüttentür auf, hängten den Bock draußen an die Wand, und auf dem offenen Herd loderte recht bald ein helles, knisterndes Feuer. Und während der Jäger das Abendessen herrichtete und die Weinflasche öffnete, saß ich auf der schmalen Holzbank vor der Hütte. Neben mir an der Hüttenwand hing der schwarze Bartbock, und ab und zu nahm ich seinen würzigen, pechigen Geruch wahr, und immer wieder schweiften meine Blicke hinüber zu dem mächtigen, kruckenbewehrten Haupt und dann hinaus über den tiefverschneiten Almboden, hinauf über den Bergwald bis zu dem schwarzumrissenen Felsgrat, über dem nun kalt und unermeßlich hoch und tief der nächtliche Winterhimmel funkelte und flimmerte. Und es war jetzt ganz still. Nur einmal bellte im Almwald draußen heiser ein Fuchs. Und noch einmal hob hinten im Tal der Gletscherwind seine Stimme, und es war jetzt kein wildes Heulen mehr, sondern der traurige Ton einer großen Harfe, und vielleicht war dies die Abschiedsmelodie für den alten Gamsbock. So ging das Jagdjahr zu Ende, und wir freuten uns – denn nächstes Jahr würden wir wieder oben im steilsten Gelände auf den Wintergams jagen – immer, immer wieder, solange uns unsere Beine da hinauftragen würden.

Bruder Hans-Willi, der unverwüstliche Gamsjäger, hatte den Bock im Dämmerlicht aus dem steilen, gefährlichen Graben heraufgetragen, und dann saßen wir oben am Hang, und über Hochfeiler und Hochferner schwand das letzte Licht dahin.

Im Winterwald

Gletscherhasen: Weiß in Weiß

Die erste Begegnung mit ihm, dem weißen Gespenst der Waldberge, reicht bis in die früheste Kindheit zurück. Mit dem alten Jäger Steffl saß ich eines Tages im späten Herbst weit oben am Rand der Bergwälder. Auf dem Boden einer tiefen Waldschlucht, die von bizarren Wurzelstöcken, rot flammenden Vogelbeerbüschen, düsteren Latschen und hell leuchtenden Birken überwuchert und verwachsen war, hatten wir am Morgen, beim Aufstieg ins Gamsgebirge, die silberhelle Stimme eines Haselhahnes vernommen. Nun, auf dem Rückweg, nachdem die Gamspirsch erfolglos verlaufen war, wollten wir uns noch den Haselhahn vornehmen. Es war schon spät, die Sonne war hinter düsterem Gewölk verschwunden, und über dem Land lag jene blauschattige Abendstimmung, die noch für Momente zum Verweilen, zum Nachdenken und inneren Abschiednehmen einlädt. Im Wald war es still. Kein Windhauch regte sich, keine Vogelstimme war zu hören, und auch unser kleiner Haselhahn blieb stumm. Auf der gegenüberliegenden Talseite brannten rostrot die großen Lärchenwälder und hoch oben unter den Felswänden leuchteten die ersten Schneefelder aus der schattigen Tiefe dunkler Zirbelforste. Bleiern lag der Himmel über den Bergen, und die Luft roch nach Schnee.

Wir wollten gehen, doch da ließ uns ein Geräusch aufhorchen. Im Gebüsch warnte eine Ringamsel, ein Rotkehlchen tickte und ein Zaunkönig verbreitete Aufregung. Und dann tauchte er nur wenige Meter vor uns auf, groß und weiß und wie ein Wesen aus einer anderen Welt kam er aus der bläulichen Dämmerung des Waldes herausgehoppelt, verhielt kurz vor einem rot brennenden Berberitzenstrauch, sicherte zu uns her und lief dann hinab auf den Grund der verdämmernden Schlucht, still und sanft und ge-

Ein seidiger Wintertag über der Rollspitze

heimnisvoll: Das weiße Gespenst der Waldberge, der Schneehase, dieser Vorbote nahender Winterstürme.
Das war meine erste zauberhafte Begegnung mit dem Schneehasen, und sie ist mir unauslöschlich in Erinnerung geblieben. Von diesem Tag an gingen meine Gedanken oft hinauf ins winterliche Gebirge und bei so mancher späteren Gamspirsch war ich für kurze Augenblicke nicht so ganz bei der Sache, und meine Gedanken schweiften zurück zu jenem zauberhaften Abend im Wald, und meine Augen wanderten umher und suchten ihn, und ich wußte, irgendwo lag er da im tiefverschneiten Gelände, in seiner schon fast gänzlich weiß verfärbten Winterdecke, perfekt getarnt und an seine Umwelt angepaßt, Weiß auf Weiß im Schnee und vollkommen unsichtbar für den Jäger und auch den Adler, solange er sich nicht bewegte.
Im darauffolgenden Winter hatte ich dann noch eine bemerkenswerte Begegnung mit dem Schneehasen. An einem Dezembermorgen, mit bleifarbenem, schwerem Schneegewölk am Himmel, war ich frühzeitig im Wald unterwegs. Weihnachten stand vor der Tür, und ich sollte einen Christbaum holen. Es lag schon viel Schnee, und ich stapfte zügig dahin, und als ich den Waldrand erreicht hatte, ertönte plötzlich weit oben in den zerklüfteten Waldschluchten das helle Geläute eines Hasenhundes. Ich stieg weiter hinauf, und der Hetzlaut der Bracke entfernte sich, kam dann in

Wie ein Gespenst hoppelte er
auf breiten Sohlen unter der Felswand entlang.

Unterm Gletscher verliert sich die Schneehasenspur.

weitem Bogen näher, verstummte und fing von neuem an. Ich schlug nun den sogenannten Geißweg ein, auf dem einst Generationen von Ziegenhirten ihre Herden zu Berg getrieben hatten, und kam auf eine Waldlichtung. Und am Rand dieser Lichtung stand, an den Stamm einer Fichte gelehnt, ein alter Bergbauer und Jäger. Er hatte seinen weiten Schafpelz übergezogen, was seine mächtige Gestalt noch kühner erscheinen ließ, die überlange Hahnenflinte geschultert und paffte gemütlich seine Pfeife vor sich hin, während der Hund weiter oben im Wald trieb. Und in seinem Rücken hoppelte plötzlich völlig lautlos und gemächlich ein großer Schneehase an ihm vorbei, verhielt einmal kurz, musterte aufmerksam die große Gestalt neben dem Baum und schlug sich dann ins Gebüsch, ohne daß der Jäger seiner gewahr wurde. Erst als der Hund immer noch Laut gebend auf die Waldlichtung stürzte, sah der Mann die frische Hasenspur in seinem Rücken und merkte, daß er gründlich ausgetrickst worden war. Schmunzelnd klopfte er seine Pfeife an einem Baumstamm aus, packte seine Sachen und machte sich auf den Heimweg, und der Hund trottete mit hängenden Ohren hinter ihm her, und beide sahen recht abgeschlagen aus.

Dann bin ich dem Schneehasen längere Zeit nicht mehr begegnet. Oft gefunden und gesehen habe ich aber seine Spur im Schnee, deren Springerabdruck unverwechselbar breiter ist als jene seines Vetters, des braunen oder grauen Feldhasen, weil sich der Schneehase wunderbar an die winterliche Hochgebirgswelt angepaßt hat und sozusagen wie auf Schneeschuhen läuft. Auf vielen einsamen Hochgebirgstouren bin ich seiner Spur begegnet. Ich fand sie in der Nähe der Berggehöfte, um verlassene Almsiedlungen herum, an Heuschobern und Schupfen. Und ich fand sie auch noch im tiefen Winter in hohen Lagen unmittelbar am Rand der Gletscher. Und immer tauchten Schneehasen an meinen Rehfütterungen im Bergwald auf. Früher wußten die Heuzieher von so mancher Begegnung mit dem Schneehasen zu berichten. Nach Weihnachten wurde das Bergheu von den Mähdern geholt, und einmal – so erzählte mir ein befreundeter Bergbauer – seien mindestens ein halbes Dutzend große Schneehasen abgesprungen, als er sich zu früher Morgen-

Weiß in Weiß

stunde seinem Heustadel weit über der Waldgrenze genähert hatte. Die Hasen hatten das Heu zwischen den Stadelbalken herausgezogen und hatten es sich auch im Stadel drinnen bequem gemacht, das bewies die viele Losung, die sie dort hinterlassen hatten.
Im Winter ist der Schneehase blendend weiß, nur seine Löffelspitzen bleiben schwarz, die Lichter sind dunkelbraun. Im Sommer ist sein Fell braungrau mit einem leicht ins Bläuliche schimmernden Unterton. Die Verfärbungsphase beginnt schon im September, die Schneehasen werden langsam scheckig. Im zweiten Oktoberdrittel ist er je nach Witterungslage bis auf die Löffel meistens schon weiß. Im Verlauf der folgenden Wochen wird er dann bis auf die schwarzen Löffelspitzen, die seinen Anblick so reizvoll machen, ganz weiß. Lange hält sich aber noch ein graumelierter Reif in seinem Rücken, bis er vollkommen in seinem blendendweißen Winterhaar steckt. Gegen das Frühjahr hin verliert er dann das lange Winterhaar – ab und zu findet man im Wald ganze Haarbüschel –, wird wieder langsam scheckig und paßt sich dann mit seinem braungrauen, samtig glänzenden Sommerhaar perfekt der Umgebung aus grauem Gestein, Gletschermoränen und letzten Schneeflecken an. Ansonsten sind seine Löffel etwas kürzer, und der Kopf ist rundlicher als beim Feldhasen. Insgesamt wirkt der Schneehase oder der »Weiße Hase«, wie ihn die Bergjäger nennen, zierlicher als der Feldhase und bleibt auch im Gewicht hinter seinem Vetter zurück. Ausgewachsene Schneehasen wiegen meistens um die drei Kilogramm, während der Feldhase bedeutend schwerer werden kann. Nicht nur im Sommer, auch im Winter bleibt er in den höchsten Lagen. Auf den vom Wind abgewehten Buckeln und Hängen, unter überhängenden Felswänden und Steinen findet er immer noch Äsung. Im Sommer lebt er manchmal direkt in der Gletscherregion und wird somit zum Gletscherhasen. Auf den Moränen und Grashängen, zwischen den Eisströmen und Gletscherzungen, scheint es ihm besonders zu behagen. Droht Gefahr, meistens vom Steinadler oder vom Fuchs, weniger vom Mensch, dann verkriecht er sich oft in einer Steinspalte oder einer Murmeltierröhre, flüchtet aber auch weit hinauf in die Gipfelregion und auf der anderen Talseite wieder hinunter, um dort im Wald zu verschwinden. Persönlich

Der Steinadler rupft einen geschlagenen Schneehasen, daß die weiße Wolle nur so fliegt.

habe ich beobachtet, daß der Schneehase auch ein guter Kletterer ist. So lief ein von einem Fuchs verfolgter Hase durch eine mit Grasbändern durchsetzte, abschüssige Wand, der Fuchs gab im steilen Gelände schließlich auf.
Der Schneehase ist vor allem nachtaktiv. Kaum kommen die Schatten der Nacht über die Berge, ist der Hase unterwegs und sucht nach Äsung. Untertags begegnet man ihm meistens nur durch Zufall, wenn man etwa beim Bergwandern auf ihn stößt, ihm zu nahe kommt und er dann doch seine Sasse verläßt und flüchtet, oder im Frühjahr, zur Paarungszeit, wenn oft mehrere Rammler eine Häsin verfolgen. Abgemagert, hochläufig und bunt gescheckt hoppeln sie dann oft daher, liefern sich spielerische Verfolgungsjagden und ab und zu auch eine regelrechte Rauferei um eine besonders hübsche Hasendame, bei der mit den Pfoten kräftige Hiebe ausgeteilt werden.
Der Tag ist ansonsten die gefährliche Zeit für den weißen Hasen. Da versucht er sich möglichst wenig zu bewegen und seine Hauptfeinde, Adler und Fuchs, durch seine perfekte Tarnung zu täuschen. Meist liegt er dann an einer heimlichen Stelle, im Kar zwischen großen Steinblöcken, unter einem Latschenbusch oder auch an einem Steilhang, meistens nach oben durch einen Stein gegen einen Überraschungsangriff des Adlers geschützt. Der Adler kann dann lange über dem Kar kreisen, solange sich der Hase nicht bewegt, findet er ihn nicht. Oft nützt der Adler seine Chance, wenn der Jäger den Schneehasen mit dem Hund jagt. Kaum gibt der Hund Laut, ist auch schon der Adler da, verfolgt das Geschehen aus der Luft, schwebt dabei oft auch – immer der Jagd des Hundes folgend – dicht über den Gipfeln des Bergwaldes dahin, und treibt der Hund den Hasen einmal aus dem Unterholz, ist es auch schon um ihn geschehen. Bevor Hund und Jäger zur Stelle sind, ist der Adler schon mit seiner Beute abgeflogen und atzt sie weit entfernt auf einem sicheren Felsvorsprung. Besonders gefährlich lebt der Schneehase, wenn seine Tarnkappe ihn im Stich läßt. Kommt der Schnee zu Winterbeginn recht spät, ist der Schneehase oft schon blendendweiß verfärbt und damit weithin zu sehen. Zauberhaft ist aber dann sein Erscheinen, wenn er in einer Vollmondnacht über den noch aperen Almanger

Drüben am Hang unter den Felsen lauert der Fuchs.

Der wohl kleinste Hasenräuber, das Hermelin

hoppelt und wie ein Gespenst, wie ein Wesen aus einer anderen Welt, den Almweg hinab entschwindet. Der Schneehase lebt in den höheren Regionen unserer alpinen Bergtäler. Da sein Lebensraum dort noch im wesentlichen intakt und – abgesehen von den Tourismusgebieten – von Umwelteinflüssen unberührt geblieben ist, ist sein Bestand auch in keiner Weise gefährdet. Schneehasen trifft man vom Bergwald bis hinauf in die Gipfel- und Gletscherregion an. Im Bergwald überschneidet sich sein Lebensraum mit jenem des Feldhasen. Im Winter aber kommt er auch in die Täler herab, und nicht selten findet man dann seine Spur mit den breiten Abdrücken in unmittelbarer Nähe der Bergdörfer. Da sein Bestand als gesichert gilt, ist auch gegen eine maßvolle Bejagung nichts einzuwenden. Aber für den Bergjäger spielt der Schneehase nur eine untergeordnete Rolle. Die Beute hält sich in Grenzen. Meistens wird bei einem Jagdgang – wenn überhaupt – nur ein Hase erlegt; zwei sind wohl eine Obergrenze, die man sich vielleicht auch selber auferlegen sollte.
Am meisten liebe ich die Jagd auf den Schneehasen im Winter, wenn der Bergwald schon tief verschneit ist, das Jagdjahr sich langsam abrundet und ganz erfüllt ist von Advents- und Vorweihnachtsstimmung. Wenn der Schneehase dann weit vor dem jagenden Hund plötzlich lautlos wie ein weißes Gespenst durch den Winterwald hoppelt und nur sichtbar wird, wenn er an den Stämmen der Fichten und Lärchen vorbeihuscht, dann ist das immer ein ganz besonderer Augenblick der Spannung und des Jägerglücks. Schön ist die Jagd auf den »Weißen Hasen« aber auch, wenn im späten Herbst oder zu Winterbeginn noch überhaupt kein Schnee liegt, der Hase aber fast schon ganz weiß ist und ihm somit die Natur einen bösen Streich spielt. Es gibt kein beeindruckenderes Bild für den Bergjäger, als wenn der »Weiße Hase« plötzlich aus dem winterlich düsteren Lärchenwald auftaucht, lautlos auf dem Teppich aus rostbrauner Lärchenstreu daherhoppelt, vor einem flammendroten Vogelbeerbusch kurz verhält und dann wie ein Wintergespenst in der Tiefe der blauschattigen Latschen- und Zirbelwildnis verschwindet. Reizvoll ist die Jagd auf den Schneehasen immer. Da ist zum einen das perfekte Zusammenspiel zwischen Jäger und Hund und zum

Da liegt er im Steinkar, der Schneehase, der große Philosoph unter den Bergtieren, denkt über Leben und Tod nach und träumt vielleicht vom geheimnisvollen Seehasen, der Meeresschnecke Aplysia, die auf dem Grund der tiefsten Ozeane lebt.

anderen die herrliche Kulisse der Bergwelt, vor der sich diese Jagd abspielt: Hoch oben in den herbstlichbunten Bergwäldern, in den einsamen, tiefverschneiten Karen, am Rand der großen Gletscher. Einfach ist sie allerdings nicht, das beweist folgende Geschichte.
So gegen Mitte Dezember wollte ich noch einmal zur Hasenjagd ausrücken. Es war ein grauer Wintertag, es war kalt, und es schneite im Wind daher, und der Hund trottete an diesem Morgen nur unwillig vor mir her in den Bergwald hinauf. Im Wald tobte dann ein regelrechter Sturm, die Schneeflocken wirbelten dahin, die alten Baumstämme ächzten und greinten. Der Neuschnee lag schon recht tief, und es war eine fast aussichtslose Witterung für die Hasenjagd, aber nun, kurz vor Ende der Jagdzeit, mußte ich die Tage nehmen, so wie sie kamen, und so stiegen wir weiter hinauf, immer höher Richtung Waldgrenze und Alm zu. Keine Fährte, keine Spur war im Schnee zu sehen, alles hatte der Wind frisch zugeweht, nur ab und zu lärmten Schwärme von Kreuzschnäbeln und Birkenzeisigen durch die Luft, fielen in einem kahlen Lärchenbaum ein und ließen sich dann im Wind forttreiben. Ich schnallte den Hund ab, und er wollte zunächst gar nicht los, begann dann aber im Hochwald zu suchen, kehrte desinteressiert wieder zurück, versuchte es nochmals, und nun schien er unter einer großen Latsche etwas gefunden zu haben. Aufgeregt steckte er seine Nase in den Schnee, begann vor lauter Spannung zu zittern und mit der Rute zu wedeln, dann schob er den Schnee mit der Nase vom Boden fort, gab einmal Laut, kroch dann in die Latschen hinein und begann auch schon Hetzlaut zu geben, und in diesem Augenblick sprang ein Schneehase aus den Latschen, lief zunächst direkt auf mich zu, schlug vor mir einen Haken, der eilig hingeworfene Schuß ging daneben, der Hase machte eine Kehrtwendung, flüchtete nun hangaufwärts und verschwand weiter oben im Bergwald. Und schon war der Hund auf seiner Spur, und dann ging die wilde Jagd durch den Bergwald hinauf und verlor sich weiter oben auf der Alm. Einmal glaubte ich noch im Brausen des Wintersturms das helle Geläute meiner Bracke zu hören, dessen Widerhall von einer Felswand schwach zurückgeworfen wurde, dann aber war alles still und nur mehr das Rauschen des Waldes im Wind und das Greinen der Baumstämme waren zu hören. Während ich wartete, ging mir das Geschehen noch einmal durch den Kopf. Bei dem Schneewetter mußte der Hund durch reinen Zufall auf den in den Latschen ruhenden Hasen gestoßen sein und hatte ihn herausgeworfen. Nun war es mehr als fraglich, ob er bei dem Schneetreiben die Spur halten konnte. Lange, lange hörte ich nichts. Der Wind ließ nun etwas nach, und der Schnee rieselte leise, weich und gleichmäßig auf die Waldlichtung nieder. Dann glaubte ich, weiter oben doch noch ein Aufjaulen zu hören, dann ein langgezogenes, durch den Schneefall gedämpftes Treiben, das aber nicht näher kommen wollte; die Jagd schien weiter oben im Almwald zu kreisen, es gelang dem Hund nicht, den Hasen in meine Nähe zu treiben.
Lange wartete ich an meinem Stand, doch als sich nichts mehr rührte und vom Hund gar nichts mehr zu hören war, stieg ich durch den immer schütterer werdenden Bergwald zur Alm empor. Jetzt hatte auch der Schneefall nachgelassen, und es wurde heller, und als ich über den Almboden zu den Kasern hinüberging, lag ein stumpfes, bleiernes Winterlicht über der Berglandschaft. Irgendwo riefen Kolkraben, unten im Wald zeterten Zirbelhäher, von meinem Hund war aber nichts zu hören. Als ich bei den Almhütten verweilte, war plötzlich ein kurzes Aufjaulen weiter oben in dem von Latschen durchsetzten, schütteren Lärchenwäldchen zu vernehmen. Jetzt hatte der Schneefall fast ganz aufgehört, die Nebel waren etwas gestiegen, und die Sicht wurde besser, und man sah nun die hohe, schwarze Felsenmauer des Wolfendorn über der Alm. Und jetzt hörte ich wieder den Hund, ganz weit entfernt glaubte ich seine Stimme zu hören, und im Glas sah ich dann, wie er sich weit über dem Almwald oben durch den tiefen Schnee hinaufkämpfte, immer weiter hinauf bis unter die großen Wände des Wolfendorn, wo er dann aus meiner Sicht verschwand. Der Hase war also ganz da hinaufgeflüchtet, und jetzt blieb mir nichts anderes übrig als zu warten, denn früher oder später mußte der Hund zurückkehren. Es wurde später Vormittag und dann Nachmittag, aber von meinem Hund war nichts mehr zu hören. Und langsam senkten sich die Wolken wieder nieder, und ganz sanft begann es erneut zu schneien und rundherum versank die Welt im feinen, weißen Niederrieseln der Schneeflocken. Jetzt machte ich mir ernsthaft Sorgen um meinen Hund. Da oben am Wolfendorn heulte schon wieder der Wind, und wenn er im dichten Schneetreiben die Orientierung verlor, konnte er sich völlig verirren, und es wäre dann ja auch nicht der erste Jagdhund, der in dieser Gegend verlorenging. Es blieb mir nichts anderes übrig, ich mußte da hinauf. Weit ist der Weg über die großen Kare hinauf zum Wolfendorn. Je höher ich kam, umso mehr Schnee lag nun, und der Wind wehte vom Joch herab und trieb ihn in langen weißen Fahnen vor sich her. Schon war die Spur

Suchbild: Die nicht alltägliche Aufnahme zeigt Schneehuhn und Schneehase zusammen auf einem einzigen Foto.
Im Vordergrund der Felsen hat sich ein weiteres Huhn versteckt.

meines Hundes, der ich strikt folgte, stark verweht, und bald würde überhaupt nichts mehr zu sehen sein. Dann hatte ich den Fuß der großen Steilwand des Wolfendorn erreicht. Der Wind tobte um die Felsen und warf mir den Schnee kaltprickelnd ins Gesicht. Irgendwo knarrte ein Schneehahn, dann pfiffen Gams, schemenhaft sah ich sie abspringen, durch den tiefen Schnee am Steilhang pflügen und dann oben unter der Felspyramide des Berges verschwinden. Jetzt war wieder entfernt dieses seltsame Knarren des Schneehuhns zu hören und dann das metallische Wetzen von Steinhühnern. Irgendwo unter mir im Kar mußten sie stecken. Ihr Rufen verlor sich im Heulen des Sturmwindes, der nun wieder von der Höhe herab tobte, und die Welt unter mir versank im aufgewühlten Weiß des Schneesturms. Ich hatte mich eng an die Felswand gedrückt, die Mütze tief ins Gesicht gezogen, ganz weiß war ich schon vor lauter Schnee, und der Sturmwind wurde immer ärger, und fast schon unheimlich schien mir sein Toben und Heulen, und ganz klein und verloren kam ich mir vor und irgendwie schwand langsam meine Hoffnung, den Hund noch zu finden.

Ich liebe den Wintersturm im Gebirge, sein wildes Heulen und Rauschen, das kalte Prickeln der Schneeflocken im Gesicht. Aber gleichzeitig tut sich in diesem Sturm eine schreckliche Einsamkeit auf, die den Menschen ganz jäh überfällt und erschauern läßt. So muß es damals unserem Ur-Jäger, dem Ötzi ergangen sein, als er beim Marsch über das Hauslabjoch in der Ötztaler Gletscherwelt vom Sturm überrascht wurde und ihm plötzlich bewußt wurde, daß es für ihn kein Entkommen, kein Zurück zu den anderen Talbewohnern mehr gab. Aber als ich mich so nachdenklich unter die überhängende Felswand hinkauerte, sah ich plötzlich unweit von mir einen kleinen, aschgrauen Vogel dem Sturm entfliehen und im Geklüfte der Felswand Schutz suchen. Dort kletterte der Alpenmauerläufer, der Kolibri der Berge oder der Fliegende Almrausch, wie er auch genannt wird, über den sturmgepeitschten Fels hinauf. Ab und zu verschwand er ganz im Schneetreiben, tauchte wieder auf, und dann lüftete der Wind die Unterseite seiner Schwingen und rubinrot und unwirklich, fast wie ein Gruß aus einer anderen, schöneren und wärmeren Welt, leuchtete es für einen Augenblick zu mir herüber, so, als wäre plötzlich eine Blume im Wintersturm erblüht, und wie eine Fata Morgana erschien es mir, aber es war nur die rosenrote Unterseite der Flügel gewesen, die diesen Vogel so unvergleichlich schön macht. Dann verschwand er mit seinem schmetterlingsartigen, gaukelnden Flug im Schneesturm und ließ mich allein zurück. Und jetzt war im Rauschen des Bergwindes noch etwas anderes zu hören, ein kurzes, abgehacktes und müdes Jaulen, das mich elektrisierte. Da jagte der brave Hund, ganz hell ertönte nun sein Geläute unter der großen Felswand entlang, und dann sah ich auch schon den Schneehasen kommen, groß, hochbeinig und fast verloren im Pulverschnee lief er die Wand entlang und hob sich deutlich und scharf vor dem Hintergrund der dunklen Felsen ab, und dann knallte mein Schuß trocken in den Sturm hinein und für einen Augenblick schien der Wind innezuhalten und auch der Hund verstummte ungläubig, und dann jaulte er begeistert auf und war auch schon beim weißen Hasen und schlug ihn sich um die Ohren. Brav apportierte er mir die Beute und, mein Gott, was war das für eine Wiedersehensfreude. Fast auf Gesichtshöhe sprang mich der Hund an, leckte mir Hände und Wangen, schmiegte sich eng an mich und immer wieder dieser treue, unbestechliche Hundeblick direkt und mitten ins Auge, und er sagte: Wir zwei gehören für immer zusammen, und nie, nie mehr werden wir uns trennen.

Es war inzwischen Abend geworden. Im dichten Schneefall schwand das Licht zusehends dahin, kalt und düster wirkte ringsum die Welt, groß und erdrückend und bedrohlich stieg die schwarze Wand des Wolfendorn über uns auf. Unter uns in der verschneiten Tiefe des Kares knarrte verloren ein Schneehahn. Das war die Stimme des Bergwinters, des »Weißen Geistes«, der über den Höhen wacht, über Wetter, Winde und Lawinen gebietet, der den Weißen Tod ausschickt und seine Kinder, die Steinböcke, Gemsen, Schneehasen und Schneehühner schützt, und er mahnte uns jetzt zu gehen, sein Reich zu verlassen und hinabzusteigen in unsere kleine, bescheidene Welt.

Ich hängte den großen, weißen Hasen an den Rucksack, und dann stiegen wir hinab ins Tal, wanderten über die beiden großen Kare hinaus, und schon lag der Schnee knietief. Als wir die Alm erreichten, war es dunkel, aber nun riß der Wind die Wolkendecke über den südlichen Bergen auf, und hinter den sturmgepeitschten, dahinjagenden Wolkenfetzen erschien der volle Mond und sein Licht fiel silberhell und scharf auf die frischverschneiten Almböden, und unsere Schatten eilten lang und unruhig über die funkelnde Fläche hin. So wanderten wir in den Wald hinab, vom Mondlicht wieder ins Dunkel hinein, und während wir so dahingingen, leuchteten uns zwischen den Baumstämmen hindurch die Lichter einzelner Gehöfte entgegen, und wir beschleunigten unsere Schritte und eilten der Wärme und Geborgenheit des Dorfes entgegen.

Gletscherhasen – ein Jagdtag unterm Hochferner

Zauber der Winterlandschaft: Plötzlich trippelt ein Schneehuhn durch die ansonsten tote Schneefläche. Nur der Schatten und sein Geläufe im Pulverschnee verraten es und zeigen, daß es doch noch Leben gibt.

Aufstieg ins Schneehuhnrevier

Unterm Gletscher

Der Morgen begann mit einem stürmischen Wind, der die Schneewolken im Westen wie dicke Watte durch die Talenge schob, die Morgendämmerung lange hinauszögerte und im Bergwald orgelte. Die ganze Nacht waren Wald und Berg nicht zur Ruhe gekommen. Zunächst hatte es leicht geschneit, dann hatte der Wind den Schnee wieder hinweggefegt, hatte stundenlang durch die Bergschluchten gewütet, und als endlich die Dämmerung kam, lag eine seltsame, bleierne Müdigkeit über der großen Berglandschaft.
Rötlich versickerte das Morgenlicht aus Wolkenlücken in dunkle Wald- und Bergschluchten hinab. Der Schnee reflektierte den matten Schimmer, ab und zu tauchte ein Stern hinter dahinjagenden Wolken auf, die halbe Scheibe eines matten Mondes. Ich wanderte an diesem Morgen langsam in den Berg hinein. Am letzten Jagdtag wollte ich noch einen Schneehahn holen.
Im Bergtal war es dann ganz still. Hier hatte die Nordkette mit ihren bis auf den Talboden abfallenden steilen Felswänden dem Sturm einen Riegel vorgeschoben. Auf dem Weg, der den Bach entlang führte, lag Neuschnee. Der braune Waldhase war hier entlanggehoppelt und hatte sich seitlich ins Gebüsch geschlagen. Weiter oben spürte ich den Baummarder. Am Wegrand entlang führte seine Doppelspur schnurgerade in den Berg hinein.
Während oben auf den Gipfeln wieder der Sturm auflebte, war es hier ganz ruhig. In steilen Serpentinen führte der Weg nun in die Höhe, zwischen uralten Fichten und Lärchen dahin, verlor sich in einem verwachsenen Kahlschlag, führte weiter oben den Kamm entlang und dann wieder in einen dichten Lärchenwald hinein, wo es fast kein Durchkommen mehr gab. Überall waren Schneehasen-Spuren zu sehen.
Mit fortschreitender Jahreszeit und steigender Schneedecke drückt sich der Schneehase von den

Ein Schneehuhn zieht seine Spur durch die Winterlandschaft.

Im Gletschertal

Graten, Kämmen und Höhen, von den Bergwiesen und Lahnern immer tiefer in den Bergwald hinunter, wo er auch bei hohem Schnee noch das Schwarzbeerkraut und das Almrosengebüsch findet, das auch im tiefsten Winter grün und vitaminhaltig bleibt. Das ist dann die Grundnahrung des Schneehasen, und davon gibt es im Bergwald mehr als genug. Zwischen den Schneehasen-Spuren mit den breiten Schneeschuh-Abdrücken fand ich immer wieder Haselhuhngeläufe und sah auch die breiten Abdrücke eines Auerhuhns, das da durch den Forst marschiert war.
Dann hatte ich die Höhe des Kammes erreicht. Der Bergwald wurde immer schütterer. Struppige Fichten machten aufgeschossenen, verkrüppelten Lärchen und buschigen Zirbeln Platz. Ohne weitere Steigung führte der schmale Weg direkt zur Alm hinein. Bald hatte ich die Almkasern erreicht, die unter der Last der um sie herum immer weiter anwachsenden Schneewehen ängstlich zusammengerückt schienen und teilweise nur mehr mit dem Giebel ihrer steinplattenbedeckten Dächer aus dem Weiß herausragten. Um die Kaser herum führte wiederum die Spur des Schneehasen, der hier nach Heuresten gesucht hatte. Am Misthaufen hinter dem Stall hatte der Fuchs gewühlt, und seine Perlschnur zog sich von den Almhütten gradlinig hinab in den Wald. Und drüben am alten Gemäuer stand die Springspur des Bergwiesels im Neuschnee.
Die Tür zur Almhütte, dem Wohnkaser, war nicht versperrt. In dem kleinen Aufenthaltsraum lag noch genügend trockenes Holz um den Herd. Ich entfachte ein Feuer, setzte mich an den Herdrand und packte meinen Proviant aus: Brot und Speck und Käse und dazu heißen Wein aus der Thermosflasche.
Draußen kam wieder Sturm auf, der Schnee rieselte gegen die verwaschenen Fensterscheiben. Durch die offene Tür sah ich am gegenüberliegenden, steil ansteigenden Lahner ein Scharl Gams stehen: Geißen, Kitze, Jahrlinge. Etwas tiefer, knapp über dem Bergwald, äste ein müder, abgebrunfteter Gamsbock.
Jetzt, Mitte Dezember, herrschte bereits Winterruhe im Gamsgebirge. Die Brunft war vorbei, die Böcke erschöpft und abgekämpft. Die Gams zogen nun tiefer, bevor der große Schnee kam, drückten sich im Schutz überhängender Felswände herum, wo sie auch bei hoher Schneelage noch genügend Nahrung finden würden. Wieder pochte der Wind gegen die

Drüben am Hang standen Gams.

Ein trüber Wintertag

Fensterläden. Wollte ich noch hinauf zu den Schneehühnern, mußte ich jetzt gehen. Wenn der Sturm sich weiter steigerte, würde auch die Schneebrettgefahr wachsen. Ich drückte das Feuer aus, verließ die Hütte und marschierte über den Almweg immer tiefer ins Gebirge hinein.
Ein bleiernes, mattes Licht lag über der Berglandschaft. Alles schien im Schnee zu versinken. Aber wie mit einem schwarzen Bleistift gezogen, traten die scharfen Linien der vom Wind abgefegten Kämme, Kanten und Grate hervor, und diese markanten Zeichnungen erfüllten die Winterlandschaft mit Leben und gaben ihr Formen und Konturen. Immer wieder blieb ich kurz stehen und suchte mit dem Glas die verschneiten Nordhänge über dem Weg ab. In den letzten Tagen war auf den festen Altschnee trockener, pulveriger Neuschnee gefallen – ideale Voraussetzung für die Staublawine. Aber die ganze Bergseite entlang waren die Schneebretter schon abgerutscht. Lawinen waren teilweise schon bis auf die Almböden niedergegangen. Zumindest heute konnte man da noch sorglos durchgehen.
Als ich weit über dem Almboden am Rand eines großen Grabens stand, hörte ich den ersten Schneehahn rufen. »Aarr, aarr, aarr«, knarrte er in die stillstehende Winterluft hinaus. Dann warf der Wind wieder den Schnee gegen die Felsen, und das Locken des Schneehuhns ging im Herabrieseln der Schneekörner unter. Und wieder meldete der Hahn. Ich versuchte, in der Schneelandschaft etwas zu erkennen. Aber je mehr ich hinstarrte, um so mehr verschwamm und versank die Landschaft im diffusen Licht und Weiß des Wintertages.
Wieder hörte ich dieses verführerische und verlockende Rufen des Schneehahns. Und jetzt hatte ich das erste Huhn im Glas. Weit oben, am Fuß der grauen Felswände, drückte sich ein ganzes Volk unter eine Schneewächte. Fünf Hennen zählte ich und drei Hähne. Aber die Hühner hielten mich auf sichere Distanz und liefen, als ich mich näherte, auf dem Harstschnee schnell in die Höhe, es war aussichtslos, ihnen zu folgen, da sie schon sehr mißtrauisch, aufmerksam und rege waren.
Lange schaute ich ihnen im Glas zu, wie sie flink den Hang emporliefen, über steile Flanken hinwegflatterten und dann weit oben am äußersten Rand einer weit über den Fels hinausgewachsenen Schneewächte, dicht aneinandergedrängt, verharrten. Reglos wie

Weit oben drückte sich ein kleines Schneehuhnvolk.

weiße Schneebälle, nur durch die dunklen Punkte ihrer Augen und den schwarzen Wangenstrich der Hähne mit Leben erfüllt, standen sie im Weiß der Schneelandschaft. Dort oben waren sie für mich unerreichbar, und ich wanderte weiter in den Berg hinein. Und in meinem Rücken ertönte immer wieder das seltsam mahnende und gleichzeitig verführerische »Aarr, aarr, aarr« der Hähne.

Dann hatte ich den großen Talkessel erreicht. Der Boden war hier mit Gesteinsbrocken übersät, dazwischen schlängelte sich in weiten, ausladenden Kurven der Bergbach hindurch, um weiter unten dröhnend und gurgelnd in die schwarze Klamm hinabzustürzen. Links und rechts stiegen die grauen Felsen empor, dazwischen öffneten sich wiederum schluchtartige Seitentäler. Im Osten schloß der Gletscher den Talkessel ab. Dort fielen die Eisströme bis auf den Talboden herab. Blau und kalt trat der Ferner zwischen den Schneehängen hervor, eisige Luft strömte mir entgegen.

Das Wintergebirge hat seinen ganz eigenen Reiz, seine Stimmung legt sich schwer auf das Herz und das Gemüt des Menschen, seinem wilden Zauber kann man sich aber kaum entziehen. Man ist glücklich und einsam zugleich in dieser jeglicher Zivilisation entrückten Wildnis, man könnte weinen und lachen, fühlt sich einmal stark und verwachsen mit dem Gebirge und dann wieder ängstlich, verloren und gefährdet, machtlos den Kräften dieser unbezwingbaren, abweisenden Landschaft ausgesetzt. Und doch empfindet man im Innersten, daß man selbst ein Teil dieses wilden, eiskalten Berges ist, und nur hier möchte man leben und sterben und nirgendwo anders.

Jetzt heulte der Sturm wieder auf und warf mir den Schnee eiskalt-prickelnd ins Gesicht. Ein bleiernes Licht lag immer noch über dem Talkessel. Im Flockenwirbel verfärbte sich das Gletschereis, wuchs von einem kalten Blau in ein stumpfes Grau hinein.

Der Wind jagte Nebelfetzen die Felswände entlang. »Aarr, aarr, aarr«, lockte ein Schneehahn in der Tiefe des Tales. Dort hinten, direkt unterm Gletscher, mußten nun die Hühner stecken.

Ich ging, die Flinte für einen schnellen Schuß schon locker in der Hand, in das Kar hinein. Jetzt mußte ich mich beeilen, bevor der Wintersturm richtig niederging und der Schneefall einsetzte. Aber kein Huhn purrte vor mir hoch, ich fand im tiefen Schnee

Ein einzelnes, einsames Schneehuhn

zwischen den großen Steinen nur längst verwehte Geläufe. Im einsetzenden Schneefall drückten sich die Hühner unsichtbar vor mir fort und lockten dann verführerisch oben am Gletscher.
Der Sturm verschlug mir den Atem. Alles war plötzlich grau und weiß um mich herum. Vom Gletscher lösten sich Eisbrocken und zerschellten mit einem seltsam hellen und metallischen Geräusch weit hinten, in der Tiefe des Kares. Eigentlich wäre es nun Zeit für den Rückweg gewesen. Oben am Gletscher wuchs der Wintersturm, der Wind wehte die grauen Flanken der Felswände entlang, er trieb den Schnee in langen, weißen Fahnen vor sich her, und draußen über der Alm ließ er ihn fallen. »Aar, arr, aaarr«, lockte nun wieder der Schneehahn, und fast war es, als würde er mich rufen, mich verlocken und vom Heimweg abhalten. Oben am Gletscher mußte der kleine Schneehahn stecken, und irgendwie mußte ich ihn finden.
Ich stieg über die Gletschermoräne weiter hinauf. Im dichten Schneetreiben war kaum etwas zu sehen, und doch glaubte ich, plötzlich dicht vor mir eine Bewegung im Schnee zu erkennen, und da liefen auch schon die Hühner wie kleine, weiße Bälle vor mir fort, flatterten hoch, und noch ehe ich mit der Flinte reagieren konnte, hatte sie schon der Schneesturm verschluckt. Nun, da ich sie aufgeschreckt hatte, waren sie selber zu Schneeflocken geworden und entschwanden im Weiß der Winterlandschaft, als hätte es sie in Wirklichkeit nie gegeben. Vielleicht hatte ich mich auch nur getäuscht, und sie hatten mich genarrt, und das waren gar keine Schneehühner, sondern Trugbilder, vielleicht die Seelen längst am Gletscher verunglückter Jäger, Schmuggler und Bergsteiger, die unten in der eisigen Tiefe gefangen waren und die manchmal, an besonderen Tagen, wenn ein Bergjäger in ihr Reich eindrang und ihre geheimnisvollen Kreise störte, als weiße, zauberhaft blendende Schneehühner dem Eis entflatterten, den Jäger in die Irre führten, um ihn schließlich hinabzuziehen in die eisige Tiefe blauschwarzer Gletscherspalten. Das waren alte Geschichten, in Kindheitstagen oftmals gehört und jeweils mit einem kalten Schauer über den Rücken damals auch noch geglaubt, die mir durch den Kopf gingen und die mir nun, als mich der Schneesturm ganz erfaßte, der Flockenwirbel mich einhüllte und der schneidendkalte Wind mir Sicht und Atem nahm, so unmöglich

Und schon purrte der weiße Vogel hoch.

gar nicht erscheinen wollten. Und plötzlich lockte weit hinten im Gletschertal wieder ein Schneehahn. Mit einem Schlag ließ der Sturm nach, das Schneetreiben lichtete sich, es wurde heller in dem Gletschertal, die Landschaft nahm nun wieder Formen und Konturen an, und ich sah plötzlich, daß ich schon auf dem Ferner stand. Das war etwas ungemütlich, denn hier gab es tiefe Randspalten, und ich mußte aufpassen. Und wieder lockte der Schneehahn, und dann sah ich ihn auch schon. Unweit vor mir drückte er sich unter einen Eisbrocken, ein einzelnes, einsames Huhn. Wie ein Schneeball verhielt es dort, in sich zusammengesunken, den Kopf tief ins Gefieder gezogen. Ab und zu warf der Sturm seine Federn auf, dann sah man seine Umrisse besser – ein schöner, großer Hahn mit scharf gezogenem schwarzen Wangenstrich war es. Jetzt galt es, die Sturmpause zu nützen, ich näherte mich mit der Flinte im Anschlag, und schon purrte der Schneehahn hoch, stand für den Bruchteil von Sekunden fast unbeweglich in der Luft, und in diesem Augenblick erfaßte ihn mein Schuß und warf ihn weiter unten in den Schnee. Vorsichtig stieg ich über den Gletscher hinab, umging die große Randspalte, und als ich mein Huhn aus dem Schnee aufhob, war da ein seltsames Geräusch in der Luft, das Tal schien erfüllt von einem tiefen, von weit her kommenden Rauschen, und nun sah ich, daß ich nur schuhbreit neben einer weiteren Gletscherspalte stand, deren dunkler Schlund vom Neuschnee fast überbrückt war und die sich nur als schmaler, schwarz drohender Strich in der weißen Landschaft auftat und die weit ins Innere des Eiskolosses hinabstürzte, und kalt und fern drang aus der Tiefe das Rauschen von Gewässern empor, und ich schreckte jäh zurück.
Und da war sie wieder, die Erinnerung an alte, schaurige Kindheitsgeschichten, die von verunglückten Bergsteigern, vom schrecklichen, einsamen Tod in eiskalten Gletscherspalten und von Gletscherleichen berichteten, die oft erst nach Jahrzehnten, nach langer Wanderung durch das innere Labyrinth der Eisströme, wohlkonserviert an einem strahlendschönen Sommertag, zum Entsetzen und Erschrecken der Bergwanderer unten am Gletschertor wieder ans Tageslicht kamen.
Sorgfältig Schritt neben Schritt setzend und wie auf Eierschalen dahinmarschierend, verließ ich auf meiner eigenen Spur im Schnee den Gletscher, und erst

als ich drüben am Berghang neben dem alten Heustadel stand und wieder sicheren Boden unter den Füßen spürte, konnte ich meinen Schneehahn begutachten. An den beflaumten Ständern hob ich das Huhn hoch, hielt es in den Wind. Ein starker, ausgewachsener Schneehahn war es, blendendweiß im Gefieder, kohlrabenschwarz der Zügelstreifen und der Unterstoß. Ein richtiger Gletschervogel mit rot leuchtenden kleinen Rosen.

Einen Augenblick wollte ich noch hier verweilen, dem Bergsturm lauschen, mein kleines Jagdglück auskosten und genießen, den letzten, heißen Wein trinken, das Jagdjahr in Gedanken abschließen und dann glücklich und zufrieden hinauswandern, ins Tal hinunter, den Dörfern entgegen. Wieder ächzte der Gletscher. Einen Augenblick hielt der Sturm inne, und mit einem Schlag trat absolute Stille ein. Dann warf sich der Wind wieder heulend in die Tiefe und trieb den Flockenwirbel immer dichter vom Joch herab das Tal hinaus. Mit einem Schlag wurde es grau und düster um mich herum. Ich hängte das Huhn an den Rucksack und wanderte talauswärts. Als ich die Almkaser erreichte, ließ der Sturm nach. Auch die Kälte brach. Aber die Schneeflocken rieselten nun immer dichter nieder.

Es war jetzt Mitte Dezember, die Zeit der aufkommenden Winterstürme. Der große Schnee würde kommen und das Gebirge für Mensch und Tier verschließen. Ich ging weiter, und als ich den schützenden Bergwald erreicht hatte, war ich schon ganz weiß vom Flockenwirbel, fast so weiß wie der Schneehahn an meinem Rucksack.

Wenn der Schnee allzu hoch liegt,
wird die Mäusejagd für den Fuchs schwierig.

Jetzt kommt die stillste Zeit.

Zeit der hellen Nächte

Dieser Wintertag war kalt und hell und klar. Nach Sonnenaufgang stieg ich auf den Skiern durch den Bergwald hinauf, und gegen Mittag war ich oben am Felsgrat. Als ich das Gipfelkreuz erreichte, strichen Schneehühner vor mir ab, segelten in die Tiefe hinab und verschwanden weiter unten im Steinkar. Tief unter mir lag das Tal, und der Blick öffnete sich weit nach Süden ins Gebirge hinein, und vor dem kalten Blau des Winterhimmels waren deutlich die weißen Türme der Dolomiten zu sehen. Im Wind flatterten Schneefinken dahin und ließen sich nach Süden treiben, nirgends war sonst eine Spur von Wild, ein Zeichen von Leben zu sehen, und ein kaltes, gläsernes Licht lag über den Bergen und Tälern. Die Sonne stand schon tief im Westen, ihre Strahlen fielen fast waagrecht und kraftlos auf die Winterlandschaft, und aus der blaudunstigen Tiefe der Täler stieg rauchige Kälte auf. Das war die Stimmung des späten Jahres, die nun über den Bergen lag, und sie hatte auch mich erfaßt, und ganz plötzlich fühlte ich mich allein und einsam da oben auf dem windigen Grat, und in einer wilden Steilabfahrt schoß ich über den mit einzelnen Latschen durchsetzten Hang hinab auf die Alm.

Nach der sausenden Fahrt war es dann ein herrliches Gefühl, auf den Skiern fast lautlos und völlig mühelos über den tiefverschneiten Almboden zu gleiten. Überall standen Fuchsspuren im Schnee. Kreuz und quer zogen sich die Perllinien über die weiten Almwiesen hin und kreuzten sich immer wieder an einem Punkt in einer etwas tiefer gelegenen Mulde. Dort unten mußte die Füchse etwas ganz besonders angezogen haben, und als ich mich nun auf den Skiern hinüberschob, sah ich einen schwarzen Fleck im Schnee, und im Fernglas erkannte ich, daß ein totes Gamskitz dort lag. Ein bunter Eichelhäher saß auf dem Kadaver und rundherum standen die Fuchsspuren wie Botschaften

Der Pelz ist reif.

Der Bergwinter ist hart und rauh …

eines geheimnisvollen, nächtlichen Lebens in der Schneelandschaft, und als ich nun weiter hinüber zu den Almhütten wanderte und mich vor dem Wohnkaser auf die alte Holzbank setzte, erinnerte ich mich an eine nächtliche Fuchsjagd in einem hochgelegenen Tiroler Gebirgstal.
Es war ein sehr idyllisches Gebirgstal, und ganz hinten am Talschluß lag – eng von Felswänden eingeschlossen – ein kleiner Weiler, und dort befand sich auch das Gasthaus meines Jagdfreundes Sepp, in dessen Revier ich schon ein paar Gams und einen sehr starken Rehbock geschossen hatte. Es war ein hoch gelegener Weiler, ein paar alte Bauernhäuser, eine kleine Pension, eine Kirche, in der nur an einem Tag in der Woche eine Messe gelesen wurde, in deren Turm aber immer die Glocken läuteten; morgens um sechs zum Wecken und zum Feierabend, und wo die alte Kirchturmuhr so pünktlich und so laut alle Viertelstunden schlug, daß man sich auch oben am Berg nach ihr richten konnte, und eben der kleine Gasthof vom Sepp, von dessen holzgetäfelter Stube aus man am Morgen, wenn man beim Frühstück am kleinen Fenstertisch saß, die Gams auf der anderen Talseite sehen konnte.

Der Winter war in jenem Jahr schon sehr früh gekommen, und es lag schon vor Weihnachten sehr viel Schnee, und wir – ein kleiner Freundeskreis und ich, der einzige Jäger in der Runde – wollten damals die letzten Tage im Jahr eigentlich nur viel Ski fahren und gut essen und uns ausruhen und Bücher lesen und Karten spielen und ganz einfach gemütlich in der alten Gaststube beisammensitzen und dann den Jahreswechsel gemeinsam feiern.
So einfach wäre das gewesen, aber eines Morgens kam der Sepp mit seinem Pferdeschlitten von der Alm zurück und hinten baumelten zwei herrliche Winterfüchse an dem Querbalken, die er oben auf der Alm erlegt hatte. Stolz hängte er sie im Holzschupfen hinterm Gasthaus auf, um sie später abzubalgen. Als wir dann in der kleinen, gemütlichen Gaststube zusammen beim Frühstück saßen, reifte ein neuer Plan heran: An diesem vorletzten Tag des Jahres wollte ich hinauf auf die Alm und bei Mondlicht auf die Füchse passen. Das ging sich gut aus, denn der Wirt hatte oben auf der Alm ein Luder ausgelegt und letzte Nacht, als er selber auf die Füchse paßte, Ofen und Herd in der Almhütte kräftig nachgeschürt, so daß sich ein letzter Rest an wohliger

… auch für den Edelmarder.

Plötzlich steht ein Fuchs in der Winterlandschaft.

Wärme bis zum Abend wohl halten und ich die kleine, gemauerte Hütte nicht völlig ausgekühlt vorfinden würde. So erwartete mich ein schon vorgewärmter Unterschlupf, und das war gut so, denn auch die kommende Nacht würde wieder hell und klar, aber auch bitter kalt werden. Am späten Nachmittag marschierte ich dann – mit Rucksack und Gewehr schwer bepackt – los. Die Schlittenfahrt auf die Alm hatte ich ausdrücklich ausgeschlagen, weil ich mich beim Aufstieg durch den Bergwald noch richtig warmlaufen wollte, dafür sollte mich der Sepp am nächsten Morgen nach der Jagd mit seinem Haflingergespann auf der Alm abholen.

Es wurde dann ein beschaulicher Abend allein in der kleinen Almhütte. Langsam versickerte das letzte Licht über den Almböden, und vom Stubenfenster an der Westseite konnte man die Bergwiesen weit hinüber bis zu dem kleinen Bach überblicken, der sich dort durch den Almanger schlängelte und weiter unten in den Bergsee mündete. Am Bach hatte der Sepp schon im Herbst einen Luderplatz für die Füchse eingerichtet, und dort sollten sie kommen. Rasch dunkelte es draußen, und ich schürte den Ofen in der kleinen Wohnstube nach und trat noch einmal kurz vor die Hütte hinaus. Es war jetzt bissig kalt, und hoch am Himmel funkelten schon die Sterne. Dann flutete das Mondlicht über die Berggipfel im Norden herab, und langsam wuchs der wächserne Stock des Gebirges aus der Dunkelheit heraus. Eine silberne, geheimnisvolle Welt erstand vor mir, während die Alm und der Wald darunter noch im tiefen Nachtschatten lagen. Es war jetzt ganz still, nur der Almbach murmelte verhalten unter der Schneedecke, und einmal war der Schrei eines Kauzes zu hören. Ich konnte mich von diesem nächtlichen Schauspiel nicht losreißen, wie angewurzelt stand ich da und schaute fasziniert dem Widerspiel von Mondlicht und Nachtschatten zu. Dann setzte ich mich auf der schmalen Holzbank vor der Hütte nieder. Es war reizvoll, da draußen in der nächtlichen Stille zu hocken und seinen Gedanken nachzuhängen. Ganz ruhig und zufrieden wurde man in seinem tiefsten Inneren, und mit einem Mal waren alle Sorgen und schweren Gedanken fort. Ich war gefangen vom Zauber dieser Nacht und schaute immer wieder zu den Sternen hinauf, die hoch oben in der unendlichen Weite strahlten und wanderten und auf dem dunkelblauen Hintergrund des kalten

Und dann schnürt Reineke zum Bach hinüber.

Nachthimmels wie goldene Körner funkelten. Aber dann stieg der Mond langsam höher, seine fast schon volle Scheibe schob sich rot und rund über den Berggrat im Süden, und sein matter Schein flutete über Berge und Hänge herab, und dann war auch der Almboden in sein silbriges Licht getaucht. Ich wollte gerade aufstehen und in die Hütte zurück, da bellte weit draußen im zerklüfteten Almwald ein Fuchs. »Beih, beih, beih« drang es heiser durch die Nacht und immer wieder »beih, beih, beih«. Unten im Bergwald antwortete wütend ein Rauhfußkauz, dann war alles wieder still, und ich suchte mit dem Jagdglas die weiten Almböden ab, aber vom Fuchs war nichts zu sehen. Und doch war da plötzlich eine schemenhafte Bewegung unweit vor mir auf dem hell im Mondlicht funkelnden Almanger. Zwei Schatten huschten dort über die Harstschneedecke, lautlos wie auf Samtpfoten hoppelten sie dahin, zwei große Schneehasen waren es, die den Almboden überquerten und unten im Wald verschwanden. Dann knirschte es im Schnee, und fast war mir, als würde ich das Tappen kleiner Hufe vernehmen, und dann sah ich auch schon den Sprung Rehe, die den Bachsaum entlang über die Alm zogen und weiter draußen in eine weite Bodenmulde hinab entschwanden. Und wenig später kreuzte auch noch ein kleines Rudel Rotwild die Alm. In einer Gänsereihe, immer ein Tier dicht hinter dem anderen, übersprangen sie die freie Fläche, standen weiter unten einen Moment sichernd am Waldrand, und schon hatte sie der düstere Forst aus Altfichten und Zirbeln verschluckt. Rehe und Rotwild strebten wohl den Fütterungen im Wald unten zu.

Ich ging in die Hütte zurück, schloß leise die Tür hinter mir und postierte mich an dem kleinen Fenster. Probehalber öffnete ich den Fensterladen, und der Riegel ging lautlos und war gut geschmiert, und ich schloß das Fenster wieder und wartete der Dinge, die da kommen würden. Aber jetzt blieb draußen auf der Alm alles ruhig, und ich ging kurz hinüber in den Kochraum, stellte den Glühwein zum Erhitzen auf den Herd und war dann sofort wieder an meinem Auslug am Fenster. Und jetzt gab es schon wieder Bewegung draußen auf dem Almboden, und das konnte tatsächlich der erste Fuchs sein. Aber im Glas sah ich, daß es kein Fuchs war, sondern zwei braune Hasen, die langsam den von den Holzfuhrwerken geebneten Almweg entlanghoppelten und

schließlich verschwanden. Das waren keine Schneehasen gewesen, sondern große, braune Feldhasen, die sich auch im tiefsten Winter noch in dieser Höhe hielten. Ich machte mir Gedanken darüber, wie das wohl sein mochte, wenn im Frühjahr eine hübsche Schneehasendame so einem strammen braunen Feldhasenrammler begegnete. Ob sie sich wohl mögen würden, und wie würden ihre Jungen dann aussehen? Darüber, daß sich Schnee- und Feldhasen da, wo sich ihre Lebensräume überschneiden, oft auch kreuzen, ist sich die Wissenschaft heute weitgehend einig. Umstritten ist aber die Frage, ob solche Kreuzungen auch lebens- und wiederum fortpflanzungsfähig sind. Während deutsche und Schweizer Forscher dies verneinen, vertreten russische Wissenschaftler die Ansicht, daß derartige Bastarde sich sehr wohl auch fortpflanzen. Schon lange bekannt ist, daß Kreuzungen zwischen dem Steinbock und der Hausziege, da wo Haustiere in den Lebensraum des Steinwildes eindringen, gar nicht so selten vorkommen. Es gibt darüber zahlreiche Berichte aus der Schweiz sowie aus dem übrigen Alpenraum und auch in unserer Heimat Südtirol wurde mir über das Vorkommen solcher Mischlinge, die allerdings nicht sehr widerstandsfähig sind und denen meistens ein nicht allzu langes Leben beschieden ist, berichtet.
Mit solchen Gedanken verging die Zeit, und ich trank wieder einen Schluck Glühwein, der immer noch dampfte, und versuchte dann nochmals das Fenster möglichst lautlos zu öffnen, schob probehalber auch das Gewehr durch die Öffnung und versuchte, über den Almboden hinweg zu zielen. Gerade wollte ich das Fenster wieder schließen, da sah ich draußen auf den Wiesen, auf einer der Schneewächten, die der Wind den kleinen Bach entlang aufgeworfen hatte, einen dunklen Punkt. Schon wieder ein Hase? Im Glas sah ich, daß es ein Fuchs war. Und es war ein großes, dunkles Stück, und Reineke saß auf den Hinterläufen auf der Schneewehe ungefähr auf der Höhe, wo unten im Bach das Luder liegen mußte, und starrte bewegungslos hinab. Vielleicht war dort unten, von meiner Position aus nicht einsehbar, noch ein zweiter Fuchs, aber das war jetzt einerlei, ich hatte keine Zeit mehr zu verlieren, und der Fuchs stand klar und scharf im Zielfernrohr, und als der Schuß hinausdonnerte, fiel er, ohne daß er sich noch einmal rührte, in den Schnee.
So schnell kann sich bei der Jagd die Situation ändern, und kaum war der Schuß verhallt, war drüben am Bach noch eine Bewegung. Ein Baummarder strebte nun mit großen Sprüngen dem Waldrand zu und verschwand dort im schattigen Dunkel der alten Bäume. Dann blieb eine ganze Weile alles ruhig, und ich ging wieder hinüber in den Kochraum und goß noch etwas Glühwein zum Aufwärmen nach, und als ich wieder beim offenen Fenster saß, hörte ich die Turmuhr unten im Dorf schlagen, und es war jetzt Mitternacht, und vom alten Jahr blieb noch genau ein einziger Tag übrig.
Es war jener Winter, in dem sich dann später im Februar drüben in Galtür die große Lawinenkatastrophe ereignen sollte, und der amerikanische Schriftsteller und Literaturnobelpreisträger Ernest Hemingway fiel mir dann ein. In den zwanziger Jahren hatte sich Hemingway, der damals in Paris lebte und ein begeisterter Skifahrer war, öfters in Schruns in Vorarlberg aufgehalten und dort so manchen Winter verbracht. Rückblickend in seinen Erinnerungen beschrieb er auch eine Lawinenkatastrophe, die sich damals im nahen Lech am Arlberg abgespielt haben sollte, und genau berichtete er, wie fürchterlich einer der Verunglückten, den man schließlich aus den Schneemassen barg, zugerichtet war. Aber später stellte sich dann heraus, daß Hemingway in jenem Lawinenwinter gar nicht in Schruns gewesen war und daß er diese Geschichte nur aus den Zeitungen gekannt haben konnte. Papa Hemingway, wie er allgemein genannt wurde, hatte hier also gemogelt, aber das war ja einerlei, und auf jeden Fall fand ich seine Geschichte über den kauzigen Bauer in Galtür, der seine verstorbene Frau im Winter wegen des vielen Schnees von seinem abseits gelegenen Hof nicht zur Beerdigung ins Dorf bringen konnte und sie deshalb bis zur Schneeschmelze im Holzschupfen einfror und immer dann, wenn er Holz holen ging, seine Laterne in ihrem offenstehenden Mund einhängte, jetzt plötzlich ganz gruselig. Daß man früher in den Bergen die Toten auf abgelegenen Weilern und Gehöften in schneereichen Wintern oft nicht zur Beerdigung ins Tal bringen konnte und sie deshalb in einem kalten Raum bis zur Schneeschmelze sozusagen aufbewahrte, ist bekannt. So mußte man in Südtirol etwa in Pfelders, das damals noch zur Pfarrei Dorf Tirol gehörte, in Pens im Sarntal und auch im abgelegenen St. Martin im Kofel im Vinschgau verfahren, wenn im Winter am einsamen und unwegsamen Hof plötzlich jemand verstarb und Wege und Pässe wochenlang unbegehbar waren. Das hatte nichts mit Pietätlosigkeit oder Abgebrühtheit zu tun, wie es der Galtürer Bauer in der Geschichte Hemingways war.
Pietätlos war vielleicht auch jener Pusterer Bauer, dessen zwei Brüder bei einem Schmugglergang am Wolfendorn an der Grenze zwischen Italien und Österreich zusammen mit einem dritten Schmuggler

Auf dem Weg zur Rehwildfütterung

von einer Windlawine verschüttet wurden. Als man zwei der Toten hoch oben am Berg fand, wurde von den Rettungsmännern beratschlagt, wie man die Leichen am besten zu Tal bringen konnte. Der Bruder der Verunglückten wollte nicht lange drum herum reden und die Toten einfach wie Baumstämme über den Harstschnee zu Tal treiben, was die übrigen Retter aber entrüstet ablehnten.

Aber nun genug mit den Totengeschichten. Ich konzentrierte mich wieder ganz auf den Almboden und sah eine Sternschnuppe hinter den Rand der Gebirge fallen. Als Kind hatten wir jedesmal, wenn wir eine Sternschnuppe fallen sahen, einen Wunsch geäußert, und jetzt wünschte ich mir noch einen zweiten Fuchs für diese Nacht.

Und gegen ein Uhr tauchte der zweite Fuchs auf. Ich war gerade etwas eingenickt, und im Halbschlaf sah ich plötzlich die Bewegung auf dem Fuhrweg drüben. So nahe war der Fuchs, und so groß erschien er mir, daß ich zunächst glaubte, ich würde träumen. Aber es war kein Traum, und der Fuchs war hart auf der Spur der beiden Hasen, die hier vorbeigehoppelt waren, und er folgte ihr mit der Nase dicht am Boden und blieb überhaupt nicht stehen, und erst, als ich recht laut mäuselte, verhielt er ruckartig, und dann war auch schon mein Schuß draußen, und mit einem Schlag warf es ihn in den Schnee. Jetzt war alle Spannung fort und mein Soll für diese Nacht wohl erfüllt, und als erstes schürte ich Herd und Ofen nach und goß noch einmal Glühwein auf.

Dann ging ich hinaus in die Mondnacht, und die Luft schoß mir schneidendkalt ins Gesicht, und der Schnee greinte unter meinen Schuhen, und ich ging zunächst am zweiten Fuchs vorbei und holte den ersten vom Bach herauf und trug sie dann alle beide zur Hütte und hängte sie draußen unter dem Dachbalken an den großen Haken. Herrliche Winterfüchse waren es mit einem voll ausgereiften Balg.

Für einen Augenblick blieb ich noch vor der Hütte stehen und nahm den ganzen Zauber dieser Mondnacht in mich auf. Es war jetzt ganz still, nicht einmal mehr das Murmeln des kleinen Baches unter der Schneedecke war zu hören, nur oben am Himmel ging eine einzige große Bewegung durch die Gestirne, und dann fiel wiederum eine hell leuchtende Sternschnuppe hinter den Rand der Gebirge. Ich ging in die Hütte, richtete mir auf der breiten Ofen-

Oben am Grat ist das Steinwild in Bewegung.

bank ein bequemes Lager her und legte mich hin. Lange konnte ich nicht einschlafen. Durch die kleine Fensterscheibe sah ich den Mond seine Bahn ziehen, fast schon grell fiel sein silbernes Licht auf den Stubenboden und wieder wollte mir eine Totengeschichte nicht aus dem Sinn. Es war damals Anfang April, als eine große Lawine am Brenner niederging und zwei vollbesetzte Autos auf der Straße verschüttete. Zunächst hatte man nach den Verunglückten gar nicht gesucht, weil niemand wußte, daß Autos von den Schneemassen verschüttet worden waren, erst als dann eine Abgängigkeitsanzeige einging, wurden die riesigen Schneemassen eilig umgegraben, und entsetzt fand man die zwei vollbesetzten Autos und die Toten wurden geborgen, und an ihren Händen, an den an dem Autoblech und den Fensterscheiben wundgekratzten Fingerspitzen und abgerissenen Fingernägeln sah man, daß es bei Gott kein leichter Tod gewesen sein konnte.
Und wieder dachte ich an Ernest Hemingway und die Geschichte, wie ihn in Cortina ein Hotelangestellter zum Schwarzfischen überreden wollte. Hemingway hatte das mondäne Cortina geschätzt, aber auch das damals noch kleine und idyllische Bergdorf Schruns in Vorarlberg über alles geliebt, wo er – mit seiner ersten Frau und seinem kleinen Sohn »Mister Bumby« – nach seinen eigenen Worten die glücklichste Zeit seines Lebens verbringen durfte. Südtirol hat der amerikanische Altmeister der Kurzgeschichte meines Wissens aber – vielleicht mit Ausnahme eines kurzen Aufenthalts im Hochabteital – nicht gekannt, obwohl der von ihm sehr verehrte und geschätzte Lyriker Ezra Pound, dem er auch in dessen dunkelsten und schlimmsten Jahren immer als echter Freund mit Rat und auch Geld beigestanden ist, Jahre seines Lebens auf der Brunnenburg bei Meran verbrachte. Dabei hat Hemingway sicher etwas versäumt, denn so wie er die Berge und ihre Menschen, das Skifahren, die Jagd, das gute Essen und den Wein liebte, hätte er sich in diesem ganz besonderen Spannungsfeld zwischen Gletschereis und Weinreben sicher sehr glücklich gefühlt, denn als viele Jahrzehnte später sein Sohn Patrick Hemingway durch Südtirol fuhr, gestand er einem Freund spontan, daß dies »nach der Massai-Steppe in Afrika das schönste Stück Land auf der Welt ist, das ich je gesehen habe«.
Und mit der Massai-Steppe dachte ich auch an Tania Blixen, die dänische Schriftstellerin, und ihre

Silvesterabend in Pfitsch: Das alte Jahr verdämmert – hinter den Bergen wartet ein neues.

große Liebe zu Afrika, die nach dem Verlust ihrer Farm in Kenia jenes wehmutsvolle, aber herrliche Buch über Afrikas dunkel lockende Welt und das verlorene Glück am Fuß der großen Berge geschrieben hatte: »Ich hatte eine Farm in Afrika am Fuß der Ngong-Berge. Hundert Meilen nördlicher verlief der Äquator durchs Hochland, aber die Farm lag in einer Höhe von über zweitausend Metern. Da spürt man tagsüber die Höhe, die Nähe der Sonne, aber die Morgenfrühe und die Abende sind klar und friedvoll, und die Nächte sind kalt.« An das dachte ich jetzt und an ihre Geschichten über die Büffel, die Nashörner, die Löwen und die Antilopen, »diese großen friedfertigen Tiere, die nachts hinaufsteigen ins Hochland und über den langen Kamm der Berge wandern«, und Tania Blixen kann sich nicht vorstellen, daß sie »zu einem anderen Zweck dort oben waren, als um tief hinab nach beiden Seiten ins weite Land zu schauen«.

Und dann stand ich auf, trat ans hell erleuchtete Fenster, ging noch einmal in die Mondnacht hinaus und warf einen Blick über die silbern überflutete Landschaft, schaute hinauf zu den großen Bergen und den Sternen, ging dann hinüber zu den beiden Füchsen, streichelte langsam und nachdenklich durch ihren seidigen Winterbalg, und so wie ich ihr Fell streichelte, glaubte ich, den sanft streichelnden Finger der Nacht zu spüren, und ich wußte, hier zu leben und zu jagen, das war wirkliches Glück, und echtes Glück mußte man festhalten.

Die Kälte der Winternacht ließ mich erschauern, und ich ging wieder hinein in die warme Stube. Auf der Ofenbank schlief ich dann endlich ein, während draußen das Mondlicht dahinschwand, und es wurde ein gesunder und tiefer Schlaf, und ich wurde erst durch das Schnauben von Pferden geweckt. Die Sonne stand schon über den Bergen, der Sepp polterte in die Stube und weckte mich endgültig aus meinen Träumen.

Draußen wieherten und scharrten die blonden Haflinger, ihr Geschirr klirrte, und in der Winterkälte stieg ihr Atem in Wolken auf. Wir hängten die beiden großen Bergfüchse hinten an den Schlitten, und dann ging die Fahrt sausend über den Fuhrweg hinab, Sepp knallte mit der Peitsche und sein Lachen dröhnte über den Almboden, und die Geschirrglocken der Pferde bimmelten hell und silbern in der klaren Winterluft.

Ein Winterfuchs in seiner vollen Schönheit

Ich erinnere mich, wie wir in den hohen Bergen oberhalb der Baumgrenze den Spuren eines Fuchses folgten, bis ich ihn zu Gesicht bekam und ihn beobachten konnte, wie er mit erhobenem rechten Vorderlauf dastand und dann behutsam zum Stehen kam und dann lossetzte – und an das Weiß und den Spektakel eines Schneehuhnes, das aus dem Schnee hervorbrach und hinweg und über den Kamm flog.

ERNEST HEMINGWAY

Ein mächtiger Steinbock hat sich über den Gams niedergetan.

Unterm gefrorenen Wasserfall steht der alte Kämpe.

Lange vor Beginn der Brunft im Hochwinter tragen die Steinböcke ihre Einstands- und Rangordnungskämpfe aus.

Dabei treffen die stärksten Böcke aufeinander.

Immer wieder prallen ihre schweren Hörner zusammen.

Am Ende bleibt einer immer Sieger.

Im Winterwald …

… kehrt nun wieder …

… Ruhe ein.

Und sie verlieren sich im tiefen Blau des Winterhimmels.

Da oben ist er Herr über Leben und Tod.

Gamswinter

Vom kalten Wintertod bis zum nächsten …

… Frühlingserwachen ist es oft nur eine kurze Zeitspanne.

Bildnachweis

Schutzumschlag: Bergtiere, Claude Morerod, und Jäger mit Hunden, Erwin Hofer

Vorsatz: Claude Morerod

Folgende Fotos im Innenteil stammen von Erwin Hofer: Seite 15, 20, 21, 24, 27 u., 29 o., 42, 44, 53, 74, 84, 87, 89, 90/91, 92, 98, 100, 101 o./u., 104/105, 110, 113 o./u., 147 o./u., 150, 151, 153, 154, 156/157, 159, 162, 166, 167, 168/169, 170, 174, 177 o./u., 178, 180/181, 204, 208, 210, 212, 219, 220, 222/223, 225, 235, 237, 240, 250, 257, 259

Alle anderen Fotos: Claude Morerod

Porträtfoto Seite 16: Erika Gamper

Quellennachweis

Tania BLIXEN: *Schatten wandern übers Gras*

Tania BLIXEN: *Afrika – dunkel lockende Welt*

Ludwig Benedikt Freiherr von CRAMER-KLETT: *Traum auf grünem Grund*

Friedrich von GAGERN: *Birschen und Böcke*

Ernest HEMINGWAY: *Ein Gebirgsidyll*

Ernest HEMINGWAY: *Paris – ein Fest fürs Leben*

Everett RUESS, amerikanischer Kult- und Cañyon-Poet

Hubert MUMELTER: *Zwei ohne Gnade*

Oswald von WOLKENSTEIN: Gedichte

Eugen WYLER: Jagdliche Schriften